企·业·家 QIYEJIA

投资超人
李嘉诚

TOUZI CHAOREN LIJIACHENG

刘干才 ◎ 编著

辽海出版社

图书在版编目(CIP)数据

投资超人李嘉诚 / 刘干才编著. —沈阳：辽海出版社，2017.5
ISBN 978-7-5451-4206-8

Ⅰ.①投… Ⅱ.①刘… Ⅲ.①李嘉诚-传记 Ⅳ.①K825.38

中国版本图书馆 CIP 数据核字(2017)第 136858 号

责任编辑：孙德军
封面设计：李　奎

出版者：辽海出版社
　地　　址：沈阳市和平区十一纬路 25 号
　邮　　编：110003
　电　　话：024-23284381
　E-mail：dszbs@mail.lnpgc.com.cn
　http://www.lhph.com.cn
印刷者：北京一鑫印务有限责任公司
发行者：辽海出版社

幅面尺寸：155mm×220mm
　印　　张：14
　字　　数：218 千字

出版时间：2017 年 7 月第 1 版
印刷时间：2017 年 8 月第 1 次印刷
定　　价：29.80 元

《世界名人传记文库》编委会

主　编	游　峰	姜忠喆	蔡　励	竭宝峰	陈　宁	崔庆鹤
副主编	闫佰新	季立政	单成繁	焦明宇	李　鸿	杜婧舟
编　委	蒋益华	刘利波	宋庆松	许礼厚	匡章武	高　原
	袁伟东	夏宇波	朱　健	曹小平	黄思尧	李成伟
	魏　杰	冯　林	王胜利	兰　天	王自和	王　珑
	谭　松	马云展	韩天骄	王志强	王子霖	毕建坤
	韩　刚	刘　舫	宫晓东	陈　枫	华玉柱	崔　武
	王世清	赵国彬	陈　浩	芝　鼐	姜钰茜	全崇聚
	李　侠	宋长津	汪　裴	张家瑞	李　娟	拉巴平措
	宋连鸿	王国成	刘洪涛	安维军	孙成芳	王　震
	唐　飞	李　雪	周丹蕾	郭　明	王毓刚	卢　瑶
	宋　垣	杨　坤	赖晖林	刘小慈	张家瑞	韩　兆
	陈晓辉	鲍　慧	魏　强	付　丽	尹　丛	徐　聪
	主勇刚	傅思国	韩军征	张　铧	张兴亚	周新全
	吴建荣	张　勇	李沁奇	姜秀云	姜德山	姜云超
	姜　忠	姜商波	姜维才	姜耀东	朱明刚	刘绪利

	冯　鹤	冯致远	胡元斌	王金锋	李丹丹	李姗姗
	李　奎	李　勇	方士华	方士娟	刘干才	魏光朴
	曾　朝	叶浦芳	马　蓓	杨玲玲	吴静娜	边艳艳
	德海燕	高凤东	马　良	文　夫	华　斌	梅昌娅
	朱志钢	刘文英	肖云太	谢登华	文海模	文杰林
	王　龙	王明哲	王海林	台运真	李正平	江　鹏
	郭艳红	高立来	冯化志	冯化太	危金发	仇　双
	周建强	陈丽华	叶乃章	何水明	廖新亮	孙常福
	李丽红	尹丽华	刘　军	熊　伟	张胜利	周宝良
	高延峰	杨新誉	张　林	魏　威	王　嘉	陈　明
总编辑	马康强	张广玲	刘　斌	周兴艳	段欣宇	张兰爽

总　序

　　我们每个人心中都有自己崇拜的名人。这样可以增强我们的自信心和自我认同感，有益于人格的健康发展。名人活在我们的心里，尽管他们生活在不同的时代、不同的国度、说着不同的语言，却伴随着我们的精神世界，遥远而又亲近。

　　名人是充满力量的榜样，特别是当我们平庸或颓废时，他们的言行就像一触即发的火药，每一次炸响都会让我们卑微的灵魂在粉碎中重生。

　　名人带给我们更多的是狂喜。当我们迷惘或无助时，他们的高贵品格就如同飘动在高处的旗帜，每次招展都会令我们幡然醒悟，从而畅快淋漓地感受生命的真谛。只要我们把他们视为精神引领者和行为楷模，就会不由自主地追随他们，并深刻感受到精神的强烈震撼。

　　当我们用最诚挚的心灵和热情追随名人的足迹，就是选择了一个自我提升的最佳途径，并将提升的空间拓展开来。追随意味着发现，发现名人的博大精深，发现时代赋予我们的使命，发现最真实的自我；追随意味着提升，置身于名人精神的荫蔽之下，我们就像藤蔓一般沿着名人硕大粗壮的树干攀援上升，这将极大地缩短我们在黑暗中探索的时间，从而踏上光明的坦途。

不要说这是个崇尚独立思考的年代，如果我们缺乏敬畏精神，那么只能让个性与自由的理念艰难地生长；不要说这是个无法造就伟人的年代，生命价值并不在于平凡或伟大。如果在名人的引领下，读懂平凡世界中属于自己的那本书，就能够成为最好的自己。

名人从芸芸众生中脱颖而出，自有许多特别之处。我们追溯名人成长的历程，虽然每位人物的成长背景都各不相同，但或多或少都具有影响他们人生的重要事件，成为他们人生发展的重要契机，并获得人生的成功。

名人有成功的契机，但他们并非完全靠幸运和机会。机遇只给有准备的人，这是永远的真理。因此，我们不要抱怨没有幸运和机遇，不要怨天尤人，我们要做好思想准备，开始人生的真正行动。这样，才会获得人生的灵感和成功的契机。

我们说的名人当然是指对世界和人类做出突出贡献的伟大人物，他们包括著名的政治家、军事家、发明家、文学家、艺术家、思想家、哲学家、企业家等。滚滚历史长河，阵阵涛声如号，是他们，屹立潮头，掀起时代前进的浪花，浓墨重彩地描绘着人类的文明和无限的未来，不断开创着辉煌的新境界和新梦想，带领我们走向美好的明天。

政治家是指那些在长期政治实践中涌现出来的具有一定政治远见和政治才干、掌握权力，并对社会发展起着重大影响作用的领导人物。军事家是指对军事活动实施正确指引或是擅长具体负责军事行动实施的人，一般包括战略军事家和战术军事家。

政治家、军事家大多充满了文韬武略，能够运筹帷幄，曾经叱咤风云，纵横天地，创造着世界，书写着历史，不断谱写着人类的辉煌篇章，为人们留下了许多宝贵的精神财富和物质财富。

科学发明家是指专门从事科学研究和发明，并做出了杰出贡献的人士。他们从事着探索未知、发现真相、追求真理、改造世界和造福人类的大学问。他们都有献身、求实、严谨和持之以恒的精神，都具有一颗好奇心。从好奇心出发，他们希望探知事物规律，具有希望看到事物本质一面的强烈意识与探索激情。还有就是他们都有恒心，他们在科学研究中不断努力，努力，再努力，锲而不舍，具有永不止步的追求精神。

文学家是指以创作文学作品为自己主要工作的知名人士和学者等。其中，诗人是指诗歌的创作者，小说家指小说创作者，散文家指散文创作者，而文学家则是指在诗歌、小说、散文、戏剧等各种文学体裁领域均取得一定成就的创作者，他们是人类精神财富的创造者。

艺术家是指具有较高审美能力和娴熟创作技巧并从事艺术创作劳动而具有一定成就的艺术工作者。进行艺术作品创作活动的人士，通常指在绘画、表演、雕塑、音乐、书法及舞蹈等艺术领域具有比较高的成就，并具有了一定美学造诣的人。他们是生活中美的发现者和创造者，极大地丰富着我们的生活。

哲学家、思想家是指对客观现实的认识具有独创见解并能自成体系的人士。思想主要是用言语和符号来表达的，而致力于研究思想并且形成思想体系的人就是哲学家、思想家。他们用独到的思想解决生活中遇到的问题，且在此过程中逐渐认识自我与宇宙，以此解决人们思想认识上矛盾迷惑的问题。他们是我们人类灵魂的工程师，塑造着我们的人格，探讨所有人类重要的问题和观念，并创造出一种思考和思想的能力，闪烁着智慧的光芒，照耀着人类前进的步伐，推动着人类思想和精神不断升华，使人类不断摆脱低级状态，不断走向更高境界。人是有思想和精神的高级动物，因此，哲学家和思想家是人类不可或缺的，是我们人类的伟大导师。

企业管理家是最直接创造财富的人。他们创造物质财富,推动社会不断进步,使得人们更加幸福。财富虽然只是一个象征,但它与人们的生活、国家的发展、民族的强盛等息息相关。企业家也创造巨大的精神财富,他们在追求财富过程中所表现出来的创新、冒险、合作、敬业、学习、执著、诚信和服务等精神,是我们每一个人学习的榜样。

我们追踪这些名人成长发展过程中的主要事件,就会发现他们在做好准备进行人生不懈追求的进程中,能够从日常司空见惯的普通小事上,碰撞出思想的火花,化渺小为伟大,化平凡为神奇,从而获得灵感和启发,获得伟大的精神力量,并进行持久的人生追求,去争取获得巨大的成功。

影响名人成长的事件虽然不一样,但他们在一生之中所表现出来的辛勤奋斗和顽强拼搏的精神,则大同小异。正如爱迪生所说:"伟大人物最明显的标志,就是他们拥有坚强的意志,不管环境怎样变化,他们的初衷与希望永远不会有丝毫的改变,他们永远会克服一切障碍,达到他们期望的目的。"

爱默生说:"所有伟大人物都是从艰苦中脱颖而出的。"因此,伟大人物的成长也具有其平凡性。正如日本著名歌人吉田兼好所说:"天下所有伟大人物,起初都是很幼稚且有严重缺点的,但他们遵守规则,重视规律,不自以为是,因此才成为名家并进而获得人们的崇敬。"所以,名人成长也具有其非凡之处,这才是我们应该学习的地方。

英国著名哲学家培根说:"用伟大人物的事迹激励青少年,远胜于一切教育。"为此,本套作品荟萃了古今中外各行各业最具有代表性的名人,阅读这些名人的成长故事,探知他们的人生追求,感悟他们的思想力量,会使我们从中受到启迪和教育,让我们更好地把握人生的关键,让我们的人生更加精彩,生命更有意义。

简　介

　　李嘉诚，1928 年出生于广东省潮州市。1940 年，为躲避日本侵略者的压迫，李嘉诚全家逃难到香港。1943 年，他的父亲病逝。为了养活母亲和 3 个弟弟妹妹，李嘉诚被迫辍学谋生。1947 年，他开始为一家玩具制造公司当推销员。由于勤奋好学，精明能干，他不到 20 岁，便升任塑料玩具厂的总经理。

　　1950 年，李嘉诚把握时机，用省吃俭用积蓄的 7000 美元创办了长江塑胶厂（以下简称为"长江"或"长实"）。1958 年，李嘉诚开始投资地产市场。1979 年，"长江"购入老牌英资和记黄埔商行，李嘉诚成为首位收购英资商行的华人。

　　1984 年，"长江"又购入香港电灯公司的控制性股权。后来，他一直担任长江实业集团有限公司（以下简称为"长江"或"长实"）董事局主席兼总经理。

　　李嘉诚先生是亚洲首富，也是全球最有影响力的十大富豪之一。作为华人当中最成功的商业巨子，他控制着世界上最大的港口网络和 18% 的海上贸易。

　　在欧洲，他是新一代移动电话的最大投资者；在亚洲，他是最大的跨国通信网络供应商,并为泛亚地区用户提供卫星通信服务;他还拥有遍布世界各地的优质地产项目和能源生意,包括分布在加拿大、印度尼西亚、中国海南省和利比亚的石油资源等。

1980年,李嘉诚基金会成立,公益慈善事业也随之成为李嘉诚先生人生的重要部分。在香港和内地,他常常捐助上亿元的巨资,用于造桥铺路、兴办教育、支援医疗、赞助科研、弘扬文化、赈济灾民等慈善事业。迄今,他为各种慈善事业的捐赠已达8亿多美元,其中超过80%捐给了祖国内地的教育、医疗、文化和公益事业等。

在海外,在震惊世界的印度洋大海啸赈灾捐赠中,李嘉诚仅个人捐款就达到了2400万港元。2005年1月13日,李嘉诚将个人所得78亿港元捐给了李嘉诚公益慈善基金会,以促进全球公益活动的发展。

李嘉诚是无可争议的世界级企业家。他所获荣誉众多:1981年获选为"香港风云人物";1988年被《财富》杂志评选为世界华人首富;1995年至1997年任香港特区筹备委员会委员,被评选为1993年年度香港"风云人物",1999年成为亚洲首富;2001年,李嘉诚被《星期日泰晤士报》评为全球最有钱的华裔富商;2006年,李嘉诚被《时代》亚洲英雄榜评为商业领袖;2010年,《福布斯》全球最具影响力富豪选出,李嘉诚居第八位;2012年,李嘉诚被《福布斯》评为全球亿万富豪排行榜第九,并再度成为亚洲首富。

李嘉诚先生在60多年从商生涯中的勇气以及用前瞻性的眼光进入世界消费市场所蕴含的"大智慧",正是时下欲打造世界级企业的内地企业家最需补的一门功课。

目　录

受书籍和父亲影响 …………………… 001
逃难香港，勤勉上进 …………………… 007
父亲病故，辍学谋生 …………………… 014
求进步学徒又跳槽 …………………… 020
不满现状再度跳槽 …………………… 028
锐志进取，成绩斐然 …………………… 038
大业初创，危机四伏 …………………… 047
突破危机，谋求转轨 …………………… 055
米兰偷艺，香港热销 …………………… 063
化害为利，突破瓶颈 …………………… 071
挺进地产，高潮崛起 …………………… 079
击败置地，重建华人行 …………………… 086
以退为进，智取和黄 …………………… 093
吸纳港灯，收购置地 …………………… 101
最赚钱的盈利老虎 …………………… 108
群雄联手，共渡难关 …………………… 115

首败铩羽，强势对撼 …………………… 123
跨入电信网络时代 ……………………… 131
力推"中药港"计划 …………………… 138
勇夺3G，开发西部 …………………… 145
"吃定"春天，相信未来 ……………… 153
慷慨捐资，报效桑梓 …………………… 161
扶弱助困，投资医疗 …………………… 168
寄望西部，情系中华 …………………… 175
生活简朴，教子有方 …………………… 183
知人善用，光辉灿烂 …………………… 191
最辉煌、最伟大的事业 ………………… 199
附：年　谱 ……………………………… 207

受书籍和父亲影响

明末清初年间，为了躲避战乱，有户中原人家在李明山的带领下，迁居到广东，定居在潮州城内北门街面的线巷。

自李明山起，李氏家族在这块土地上居住了约有10代，算是书香世家。特别是第七代李鹏万，他是清朝年间每隔12年选拔一次的文官八贡之一。第八代是李起英与李晓帆，其中，李嘉诚的祖父李晓帆是清末秀才。第九代有李嘉诚的伯父李云章、父亲李云经、叔父李云松。伯父李云章远渡重洋，学有所成回国，后归故里，在金山中学任教务主任。叔父李云松小学毕业后，因成绩优异，在当时人才短缺的情况下，受聘于隆都后沟学校当校长。

李嘉诚父亲李云经，毕业于金山中学，因家境十分贫寒，无法继续进入大学深造，先后当过小学教师和校长。

由于家境窘迫，李云经无奈之下，弃教从商，并远渡重洋，在一家潮州人所开设的裕合公司当店员。不久因时局动荡而回乡，在潮安一家恒安银庄出任司库和出纳。没多久，战火再起，银庄倒闭。李云经重执教鞭,任教多年,深受师生爱戴。

李嘉诚是李氏家族迁往广东后的第十代。

1928年7月29日,李嘉诚出世。作为李云经的第一个儿子,亲人们总是让李嘉诚感到他是多么重要和不可或缺。即使因为生活的缘故,大家有许多事情要忙碌或者有烦恼,但对于招人疼爱的小嘉诚,亲友们似乎总是有用不完的时间去关心他。

婴儿时期的李嘉诚,就常常让他的亲人们惊诧不已。还是在襁褓里的他,小得简直让人不得不格外小心。然而,他那高高的额头,还有那一双黑亮的眼睛,却显得格外引人注目,以至于那些疼爱他、搂抱着他的亲人和乡邻们,都常常忍不住爱怜地呵护他说:"阿诚呵,大头诚哦!"这个"大头"就是聪明的意思,就是将来有出息。这充分体现了大家对小嘉诚的期望。

大概因为这个时期的小嘉诚得到太多太多的呵护,得到太多太多的关爱,直至后来,李嘉诚仍旧十分怀念这段令他无限迷恋的时光。他清楚地记得,与他亲密无间、沉稳而富有教养的父亲,是如何常常忍不住紧紧地抱着他,是如何常常忍不住地告诉他,他是父亲的骄傲和希望,父亲对他这个儿子有多么自豪。

从5岁开始,李嘉诚就在潮州北门观海寺小学开始他的读书生涯。这是一所简陋得无法再简陋的学校,所有的学校财产就是斑驳的黑板和笨拙的课桌。尽管这时已经是1933年了,但新文化运动的浪潮似乎还没有拍打潮州的堤岸,在这个偏僻却文风鼎盛的地方,学生们所学的仍旧是"之乎者也"的传统文化。

据说这里有一个传统,大凡书香门第的子女,一定要做到品学兼优。特别是李氏家族的子女,或者来自家庭的熏陶,或者来自周围环境乃至学校的压力,或者他们身上本来就有刻苦好学的遗传因子,这些学子们在学习上都极为勤奋,并且都暗暗地相互竞赛。

在李氏家族的古宅,有一间面积虽小但藏书丰富的小书房。童年时期的李嘉诚大部分时光就是在这块狭小却神秘的天地里度过的。每天放学回家后,他就像一只勤劳的小蜜蜂,悄悄飞进他的小书房,如痴如醉地看书,海阔天空地考虑问题。即使有许多书他不能看懂或者似懂非懂,他仍然能够凭着他聪颖的天赋去领悟,运用丰富而奇特的想象力,津津有味地咀嚼着知识。

小嘉诚太爱看书了,书是那样的好,那么详细地告诉他许多从来不曾知道的东西,能够那么认真地教会他做人处世的道理。他涉猎甚广,不仅喜欢《诗经》《论语》《离骚》等古典书籍,还常常阅读一些课外书。总之,充满无限魅力的小书房,占据了小嘉诚心灵的整个空间,使他始终感受着生活的温馨和知识的力量。

读书越多,小嘉诚就越感觉到知识的贫乏,他便越是废寝忘食和如饥似渴地学习。在小书房的狭窄天地里,他常常做着博学及第与衣锦还乡的好梦,特别是他对那些尽忠报国的有识之士,一直心存仰慕。

李嘉诚的堂兄李嘉智后来回忆说:"嘉诚那时就像书虫,见书就会入迷,天生是读书的料。他去香港,办实业成为巨富,我们都感到吃惊。"

李嘉诚的另一位堂兄后来也感叹说:"嘉诚小我10多岁,却异常懂事。他读书非常刻苦自觉,我有好多次看到他在书房里点着煤油灯读书，很晚很晚都不睡觉。他小时候读书最聪明，平时教他行为规范和做人道理，一讲他就懂，懂了他就做。"

小嘉诚读书的悟性与勤勉，也深得父亲欣慰。父子俩相聚的话题，莫不围绕着书本展开。随着父亲的娓娓话语，小嘉诚仿佛看到了忧国忧民的屈原在仰天吟唱"路曼曼其修远兮，吾将上下而求索"；仿佛看到了李白屹立船头，随口诵读起"朝辞白帝彩云间，千里江陵一日还。两岸猿声啼不住，轻舟已过万重山"；他好像还看到了杜甫在寒冷的秋夜，悲愤高歌"安得广厦千万间，大庇天下寒士俱欢颜"。

从古代人物身上，小嘉诚深深懂得了民族与国家的尊严以及社会与道德的正义。他也深深懂得了乡土之于生命、祖国之于人生的重要意义。

由于时局的动荡和生活的清贫，未能建功立业的李云经，只有把厚望寄予儿子身上。小嘉诚优异的学业，是对郁郁不得志的父亲最大的慰藉。如果不是后来的风云巨变，李嘉诚或许沿着求学治学之路一直走下去。同时，他也极有可能继承父业，在家乡做一名教师。

然而，令人终生难忘的最大不幸开始降临了。

1937年春天，就在李云经想在澄海中学扎下根来，进一步提高澄海中学的教学质量时，他那原本平静的心绪突然被日本人的枪声打乱了。同年七月北平又发生了震惊中外的"七七事变"，大批日寇入侵华北，气焰嚣张。知悉此消息，李云经连夜在澄海中学举行集会，抗议日本法西斯的武装侵略。

在那些难熬的日子里，李云经只能把他积郁心中的全部愤懑和仇恨，都变成他倾心教学的痴情。风云突变，1939年夏，日军入侵潮州，李云经教育救国的理想破灭，也打碎了李嘉诚求学治学的志向。

执教多年的李云经彻底失业，小嘉诚小学尚未毕业。升学无望，又不敢随意走出家门，小嘉诚只好躲进藏书阁。通过读文天祥、陆游、岳飞、辛弃疾等人的诗词，他深深领悟到其间的真谛与忧愤。

1939年冬，庵埠也被日军所占。从前商贾云集的潮州，忽然变得萧条冷清起来。李云经也亲眼看到，他费尽心力惨淡经营的澄海中学难以继续支撑了。

1940年的元旦，是四季如春的潮汕地区有史以来最肃杀、最寒冷的一个元旦。

这一天，李嘉诚一家人开始了真正的背井离乡。李云经携妻带子逃到澄海县隆都松坑乡，寄住在姨亲家。不久，又辗转到后沟，投靠在后沟小学任教的胞弟李奕。

这一年，李嘉诚已念到小学六年级。也就在这一年，祖母因惊吓、贫困而去世。

由于日寇逼近，李云经、李奕两兄弟只好草草把老娘安葬在后沟的半山墓地里，事后兄弟两人跪倒在土坟之前放声恸哭。这是李嘉诚第一次经历深爱的亲人死于战乱的痛苦，他非常难过，也非常气愤。国难家仇，亲人离逝，深深地震撼着成长中的李嘉诚。

李云经失业一年，仍未找到教职。胞弟李奕薪水微薄，家庭负担也重，李云经不忍再花他的钱。但执教多年的积蓄眼看快用完，李云经心急如焚。商议多日，夫妻俩最终决定前往香港，投靠妻弟庄静庵。

庄静庵是香港的殷商，一家人要是去了香港，有他的帮助，不愁找不到安身之地。而且，那时的香港是太平盛世，一派祥和繁荣，也是战时大陆人的避难之所。

李奕也特别赞同胞兄的计划。

临行前一天，兄弟俩带了家小到山冈祭奠老母。拜祭一结束，就在那个凄冷的冬夜里，两家人依依惜别，小嘉诚一家含泪离开了后沟，悄悄地上路了。

然而，香港在何方？究竟走哪条路才可到达陌生的香港？走出狭长的面线巷，李嘉诚开始经历他生命中第一次刻骨铭心的转折。"父亲"，每每提及这神圣的称谓，李嘉诚都是眼泛泪光，哽咽着诉说往事。也许，人生的幸与不幸，只能让历史来作结论。

逃难香港,勤勉上进

1940年冬,重镇和要道大都被日军占领,沿海水域也被日本军舰封锁。在这样的情势下,没有足够的旅费,就踏上漫长的赴港之路,简直无异于玩命!

但随父母踏上艰难旅程的小嘉诚,和他的弟弟李嘉昭、妹妹李素娟,他们哪想那么多。在他们的想象中,香港很新鲜,肯定像万花筒一样美丽。

由于船只难找,也出不起一笔昂贵的租船费用,夫妻俩决定,靠两条腿,一步一步走到香港去。他们不敢也无钱住客栈,或露宿荒山野地,或在山村人家的茅屋借宿。不敢贸然在白天行动,他们就选择极少人走的崎岖山路,一家人手牵着手,跌跌撞撞地摸索着向前行进,就连身上被荆棘划破也不敢哼一声。

刚出澄海时,还有弟弟李奕给李云经的一些盘缠和干粮,但到了惠州地面时,一家人就没了钱粮,只好靠李云经沿路打工度日了。

好在那时的李云经体力还不差，可以给人拉车、装柴草、搬家或者修房子。打零工所得的报酬虽很少，还算能维持妻儿的简单衣食。

为安全起见，他们常在夜间穿越平原地带。夜行，有时特别幸运，冷不丁碰到一艘破旧的小舢船，就足以令他们歇息片刻。船老大唯恐被日本人发现，把船划得特别缓慢，等到达对岸，天刚蒙蒙亮，一家人稍作休整就又上路了。

就这样，他们一直走到5月，才到达了距香港还有很长路程的宝安县，此时宝安县已是春暖花开，而当初他们所穿的厚衣服，多已褴褛。特别是在接近香港的地方，不但气温高，又不时有滂沱大雨袭来，家人急需换季之衣。

李云经也特别着急，绞尽脑汁地想着要给他心爱的孩子们每人解决一件夏衣，可是，当时在路上连吃饭的钱也捉襟见肘，又哪里有钱买衣？

又走了月余，历尽千辛万苦的李云经一家，才终于流徙到了香港。

这一年，李嘉诚12岁，正值具有无限幻想的少儿时期。到达香港的当天下午，李云经的妻子庄碧琴就带着丈夫和孩子辗转找到繁华的香港中环。

她是从大哥写给她的一封家书上得到的地址。除了语言障碍之外，中环附近的大街小巷乱如蛇径。他们从中午一直打听到下午时分，才找到一条名叫兰桂坊的小巷。

狭窄的巷路两旁，大小店铺一个挨着一个。一家家相互拥挤的店铺，都由五彩缤纷的招牌彼此相连。巨型楼房之间的空隙几乎小得让人喘不上气来。忽然，李云经发现前面有一块写有"香港中南表行"的招牌，他对妻子一指，庄碧琴高兴得险些掉下泪来。

冲进店门，庄碧琴蓦然发现一张熟悉的脸孔从一堆杂乱的钟表零件中抬起来。那人，正是她阔别多年的胞兄庄静庵！庄静庵有些意外地迎出柜台，愕然地睁大了眼睛。

李云经知道从潮州出来的妻兄庄静庵从小学得一手修理钟表的好手艺，因在惠州和广州给别人开设的表店打工而积累了一笔钱财。后来，庄静庵感到自己超群的手艺仅换得一些微薄的薪水，很难养活家口，于是他索性只身到香港来淘金。

李云经没想到他妻兄如今竟在寸土寸金的香港，尤其是中环这商铺集聚之地，能拥有一处属于自己的店铺。面前的妻兄不但没有轻视衣衫褴褛的他和儿子，反而亲昵地上前紧紧握住了他的手。

庄碧琴向哥哥哭诉了她们路上的颠簸困苦，尤其说到潮州故里因日军的侵入，百姓民不聊生、四处奔逃的前因后果，庄静庵也忍不住洒下泪来。

他向妹妹询问了家人的近况后，马上安排家中伙计为他们准备一席饭菜。李云经、庄碧琴和三个孩子，在路上早就不曾吃一顿饱饭了，这时见了满桌丰盛的粤菜，哪里还顾得许多，当着庄静庵的面就狼吞虎咽地吃起来。

李云经见妻兄态度和蔼，丝毫没有富人的架子，紧张的心绪开始平复下来。

吃罢晚饭，庄碧琴和孩子们都在大嫂的安排下早早休息了。

李云经却毫无睡意,他和妻兄庄静庵在表店门市里品茗闲聊,希望马上找点事做。不料庄静庵却挥手劝止了他,因为庄静庵内心清楚,在香港给老板打工比在广州时还不容易,更不要说自己开一家表店了。

李云经心头沉重,也许是在惠阳往香港的路上,因为感冒落下了咳嗽的病根,忍不住不停地咳嗽起来。庄静庵见妹夫咳嗽不止,有些意外,倍加关心妹夫。

李云经特别感激,没想到他们初次见面竟投缘对意。他急切地说:"我现在不想别的,就想尽快在香港找个事做,这样也好养家糊口啊!"

"不急,吃饭有我!找职业的事嘛,其实是急不得的。"庄静庵见妹夫这样谨小慎微,也猜到他是不希望长久留在自己的家中。于是庄静庵就劝他说:"放心吧,我会求朋友给你找事做的。不过,你的咳嗽也大意不得。云经,你要知道,如果没有好身板,在香港又如何能挣一口饭吃呢?"

就此,李云经全家寄住在了庄静庵家。来到香港不久,李嘉诚就发现,这个世界并非他想象的那么美,完全不像他的家乡,这里的人也不像潮州的人那样敦厚、质朴。

每当李嘉诚回忆这段日子时,他就深有感触:"小时候,我的家境虽然不富裕,但生活基本上是安定的。我的先父、伯父、叔叔的受教育程度很高,都是受人尊敬的读书人。抗日战争爆发后,我随先父来到香港,举目看到的都是世态炎凉、人情冷暖,就感到这个世界原来是这样。因此在我心里产生很多感想,就这样,童年时五彩缤纷的梦想和天真完全消失了。"

20世纪40年代初，日本偷袭珍珠港后，同时向英、美、荷等国在西南太平洋的属地进行了大规模进攻，太平洋战事由此爆发。以当时情形，尽管有无法摆脱的困惑，李嘉诚还是热诚希望继续自己的学业。于是，在亲友们的帮助下，李嘉诚继续初中学业，开始比较正规、系统地接触西方资本主义文明和接受殖民主义教育。

从潮州的传统文化到香港的殖民教育，无论在教育制度、内容或教育形式上都有天壤之别。这里使用的几乎都是英语教材，使李嘉诚复杂不安的内心世界又增添了一份学业上的惶恐不安。但是，对于生性倔强而且做事从不半途而废的李嘉诚来说，这简直就是一个极好的挑战。

当李云经发现香港是个金钱至上的商业社会后，他要求小嘉诚和弟妹们学会说广东话。因为，香港的华人流行广东话，不懂广东话寸步难行。要在香港生存下去，首先就要过好语言关，倘若将来有出人头地之日，还可以跻身香港的上流社会。

小嘉诚对父亲的教诲心领神悟。从此，他把学广东话当作一件大事来对待。他拜表妹表弟为师，勤学不辍，苦练不止，很快就会说一口流利的广东话，困难的是英语关。

李嘉诚不再是学校的骄子，他坐在课堂里听课，恍如梦里一般。其他同学从小学起就开始学英语，李嘉诚深知自己的不足，心底泛出难言的自卑。

"在香港，想做大事，非得学会英语不可。"父亲的话时常萦绕在李嘉诚的耳畔。李嘉诚领会父亲的苦心，就凭学费来之不易这一点，他也会以苦读上进来报答父恩母爱。

数十年后，李嘉诚回忆父亲生病不求医，省下药钱供他读书；母亲缝补浆洗，含辛茹苦维持一家生计……不禁神色黯然。

李嘉诚学英语，几乎到了走火入魔的地步。在上学、放学的路上，他边走边背单词。夜深人静，他怕影响家人的休息，独自跑到屋外的路灯下读英语。天刚亮，他又一骨碌爬起来，口中念念有词，不是在朗读就是在背诵英文。

经过一年多的刻苦努力，李嘉诚终于逾越了英语关，能够较熟练地运用英语答题解题。即便后来他在茶楼打工、中南公司当学徒，在每天10多个小时的辛苦劳作后，李嘉诚仍未间断地坚持业余时间学习英语。功夫不负苦心人，李嘉诚凭着刻苦学习的毅力，几年后熟练地掌握了英语。

就是到晚年，年逾古稀的李嘉诚在接受采访时还说："我每天晚上都要看英文电视，温习英语。"

后来，14岁的李嘉诚因生活所迫，到茶楼打工，天天要工作15个小时以上，回到家后，他就着油灯深夜苦读。由于学习太专心，他经常会忘记时间，以至于想到要睡觉的时候，已到了上班的时间。他的同事们闲暇之余聚在一起打麻将，李嘉诚却捧着一本《辞海》在读，时间长了，厚厚的一本《辞海》被翻得发了黑。

到中南公司做学徒后，李嘉诚决定利用工余时间自学完中学课程，但却为没有教材而发愁。因为他的工资微薄，既要维持家用还要供养弟妹上学，根本没有多少余钱用来买教材。

当李嘉诚回首这段往事时这样说："先父去世时，我不到15岁，面对严酷的现实，我不得不去工作，忍痛中止学业。那时我太想读书了，可家里是那样的穷，我只能买旧书自学。我的小聪明是环境逼出来的。我花一点点钱，就可买来半新的旧教材，学完了又卖给旧书店，再买新的旧教材。就这样，我既学到了知识，又省了钱，一举两得。"

同时，李嘉诚还多次语重心长地告诫人们："知识改变命运。"他坚信："今天的商场要以知识取胜，只有通过勤奋的学习才能通往人生新天地。"这都是李嘉诚积几十年从商历程的肺腑之言和经验之谈。

从学徒少年到"塑胶花大王"，从地产的大亨到股市的大腕，从商界的超人到知识经济的巨擘，从行业的至尊到现代高科技的急先锋……李嘉诚一路走来，几乎都能占得先机，发出时代的先声，挣得巨大的财富。这些成就，都离不开他父亲的教育和他自身的努力。

父亲病故，辍学谋生

初来香港，投靠妻舅庄静庵实在是万不得已。

第二天，李云经就出去找工作，无奈四处碰壁。后来，在庄静庵的帮助下，李云经找了一份商行记账目之类的工作。虽不懂英语，但因他勤恳做事，加之有庄静庵引荐，所以老板待李云经很好。让李云经尤为欣慰的是，庄静庵又为他们租了一间位于九龙的民房。李云经一家人这才安顿下来，致力于生计。

生活渐有起色，可他们万没料到，来港仅一年时间，香港也沦陷了。日本侵占时期，食米严重不足，米价飞涨、燃料不足、电厂停电成了家常便饭，李嘉诚一家生活越加困难，幸得庄静庵的资助，一家人才免于饿死。但是祸不单行，李云经在家庭最困难的时候病倒了。一个家庭如果没有了顶梁柱，后果可想而知。最为严重的一次，李云经竟然吐出了大半盆鲜血，但他仍然坚持上工，直至所在商行因战事紧张倒闭为止。

1943年深秋，在庄静庵、庄碧琴兄妹的多次劝说下，李云经才不得不前往玛莉教会医院求医。经诊断原来李云经得了严重的肺病。

在当时的中国，肺病曾被视为难以医愈的绝症。即便英国人的教会医院，也难以用药物加以医治。所以，当李云经知道这个结果后，心情异常沉重。为维持儿子学费，李云经坚持不住院，医生开了药方，他也不去买药，偷偷省下药钱，供日后儿子继续学业。就这样，李云经的病越拖越重。

李嘉诚至今还记得，自己每次去医院给父亲送饭，父亲不是抱怨饭太多、太好，就是将饭盒中唯一的一点青菜塞到李嘉诚的嘴里。

李嘉诚一家的生活相当清贫。两顿稀粥，再加上母亲去集贸市场收集的菜叶子，便是一天的"美食"。全家唯一的希望，都寄托在父亲身上。一家人每日都在祈祷父亲早日康复。

每天放学后，李嘉诚都去医院看望父亲，向父亲汇报自己的学业。他知道父亲是给累病的，因此他希望通过自己努力学习而取得的好成绩，让生病的父亲能获得一份精神上的慰藉。

那时，李嘉诚找了些有关肺病治疗和如何照料肺病患者的书籍来看。看过那些书后，他吓了一跳，书中描述的所有病症父亲都有，但他没有告诉任何人。

病重的李云经到了最后，水米几乎都难以入口。就在李云经病逝的前一天晚上，他忽然振作起精神来，以沙哑的嗓音召唤身边的妻子，示意她把儿子叫到床前。李嘉诚当时已经15岁，见爸爸气若游丝地躺在灯影里喘息，他竭力忍住不哭。

此时，李嘉诚已经意识到父子的生离死别就在眼前，可他尽量忍住眼泪,不让父亲见到他的痛苦神情。李云经攥住儿子的手,无限爱怜地看着儿子,低声唤着他的名字。他用干瘦的手轻轻抚摸儿子的前额,好一阵,他才说了一句话:"阿诚,爸对不起你了,把这个家就交给你了……"

李云经明白,为了维持这个家,接下来就意味着儿子即将告别他的学子生涯,要投身到社会,开始像父亲一样打工挣钱,养家糊口。可小嘉诚毕竟才15岁,香港如此动荡,未来他必须面临的该是多么险恶的环境啊!气息奄奄的父亲不禁泪如雨下。

他知道未成年的儿子未来更需要依靠亲友的帮助,同时又不希望儿子抱有太重的依赖心理,临终留下"贫穷志不移""做人必须有骨气""求人不如求己""吃得苦中苦,方为人上人""不义富且贵,于我如浮云""失意不灰心,得意莫忘形"等遗训。

李嘉诚对此永生不忘。他仍然记得父亲临走前的一些情形,每每提及,李嘉诚就悲哀不已:"爸爸过世前一天,他没有什么话可说,只是问我,问我有什么事跟他说。若你细想一下,也觉得悲哀;但我很自信地安慰他:'我们一家一定会过得好。'"

当天深夜,李云经走完坎坷的一生,离开了那个动荡纷乱的世界。

这是难忘的1943年!这年冬天,是李嘉诚终生最难以忘怀的。从今往后,他必须靠自己瘦弱的双肩,挑起全家的生活重担。

尽管舅父表示接济他家,并资助他完成中学学业,但李嘉诚还是毅然决定中止学业,谋生赚钱养活家人。

舅父没有表示反对,表面上看似乎太"无情"。他说,他也是读完私塾，10岁出头就远离父母、家乡，去广州闯荡打天下的。舅父的意思李嘉诚心知肚明，他今后必须靠自己独立谋生。由此，李嘉诚被逼上了独立谋生之路，但也由此从打工族而渐成为超级富豪。单从这点来看，舅父的"无情"，更胜过"有情"。

李云经遗下长子李嘉诚和次子、三子及一个女儿，他的遗霜庄碧琴开始支撑门户。为帮助母亲养家糊口，15岁的李嘉诚毅然弃学找活干。苍天不负有心人，他终于找到了人生的第一份工作，在西营盘的春茗大茶肆跑堂煲茶。

在春茗楼当伙计，令他感到舒心的是老板是潮州家乡人，老板娘也是个心地善良的女人。这里每天出入的腰缠万贯的茶客们中有许多广东人，花起钱来挥金如土，是当地茶楼的主要主顾。有时李嘉诚得到的小费也够他全家用几天的了，再加上较为优厚的薪水，还有老板娘逢年过节给伙计们的加薪，好一阵子贫困的李家苦尽甘来，生计再也不愁了。

广东人习惯喝早晚茶，店伙计每天必须凌晨5时左右赶到茶楼，为客人们准备好茶水、茶点。在茶楼跑堂时，李嘉诚每天工作长达15个小时以上。茶楼打烊，已是半夜人寂时。

白天，茶客较少，但总有几个老翁坐茶桌泡时光。李嘉诚是地位最卑下的堂仔，大伙计休息，他却要待在茶楼侍候。

因为找工作备尝艰辛，李嘉诚特别珍惜这份来之不易的工作。他真诚敬业，勤勉有加，很快便赢得了老板的赞赏，他也由此成了加薪最快的堂倌。

茶楼是个小社会，三教九流，什么样的人都有。他们与先父所说的古代圣贤相去甚远，但一个个都实实在在的，富有鲜明的个性。他们或贫,或富;或豪放,或沉稳。

也许是泡在书堆里太久的缘故,李嘉诚对茶楼的人和事,有一股特别的新鲜感。他会揣测某一茶客的籍贯、职业、财富、性格,由此而养成观察人的习惯,这对他日后从事推销工作大有裨益。

舅父送了只闹钟给他。李嘉诚每天都把闹钟调快10分钟响铃,最早一个赶到茶楼。

那时,李嘉诚特别喜欢听茶客谈古论今,散布小道消息。他从中了解到社会和世界的许多事情。不少事,在家庭、在课堂,闻所未闻;李嘉诚的思维不再单纯得如一张白纸,但因为先父的遗训刻骨铭心,他在纷纭变幻的世界没有迷失自我。

有一次,李嘉诚听得入迷,竟忘了侍候客人茶水。他听到大伙计叫唤,慌慌张张拎茶壶为客人冲开水,却不小心洒到茶客的裤脚上。李嘉诚吓坏了,木桩似的站在那里,一脸煞白,不知向这位茶客赔礼谢罪。茶客是茶楼的衣食父母,是堂倌侍候的太爷,若是挑剔点的茶客,碰到这样的事,必会扇堂倌的耳光。

李嘉诚诚惶诚恐,等待茶客怒骂惩罚和老板炒鱿鱼。在李嘉诚来茶楼工作之前,一个堂倌犯了与李嘉诚同样的过失,那茶客是黑社会师爷。老板不敢得罪这位"大煞",只好逼堂倌下跪请罪,然后当即责令他滚蛋。

这时,老板跑过来,正要责骂李嘉诚,一件意想不到的事发生了,茶客说:"是我不小心碰了他,不能怪这位小师傅。"

因为茶客一味为李嘉诚开脱,所以老板没有责骂李嘉诚,但仍让他向茶客道了歉。茶客坐一会儿就走了,李嘉诚回想刚刚发生的事,双眼湿漉漉的。

事后老板对李嘉诚道:"我晓得是你把水淋了客人的裤脚。以后做事千万得小心。万一有什么错失,要赶快向客人赔礼,说不准就能大事化了。这客人心善,若是恶点儿的,不知会闹成什么样子。开茶楼,老板伙计都难做。"

回到家,李嘉诚就把事情说给母亲听,母亲说:"菩萨保佑,客人和老板都是好人。"她又告诫儿子:"种瓜得瓜,种豆得豆,积善必有善报,作恶必有恶报。"

这是李嘉诚一生中唯一的一次"饭碗危机"。他已熬过最艰辛的一年,老板给他加了工钱,他能够像其他堂倌一样,轮流午休或早归。可时间一久,李嘉诚开始感到庸庸碌碌。

茶楼的生意越好,他能拿到的小费就越多,但让他发愁的是,祖上曾经有过光耀的历史,而今到了他这辈上,难道要甘当一个仰人鼻息、无所作为的茶楼伙计吗?眼前可以维持家中的温饱,然而这种日子越过得平安,越在悄悄远离父亲生前对他的期望。这让李嘉诚心中非常不安,他不明白自己的前程究竟在哪里。

"将相本无种,男儿自当强。"李嘉诚始终牢记着这两句话。在初步满足一家人的衣食费用后,他决定寻找一个可以终身受用的职业来做。否则,将来有可能因年龄过大而失业。

因此,在1944年的旧历春节,庄静庵再次希望李嘉诚去他的钟表店学艺时,李嘉诚毅然辞别茶楼老板,去了舅父的中南钟表公司。

求进步学徒又跳槽

  新年刚过不久，李嘉诚就离开了那座大茶楼，恋恋不舍地辞别他平生第一处打工的地方，开始了全新的生活。

  为去舅父公司，李嘉诚犹豫了好些天。因为找工作，他曾违背了舅父的一番好意。而现在，李嘉诚觉得，自己是在社会闯荡和磨炼过的人，进舅父的公司，不是接受恩赐，而是为舅父做事。

  勤奋努力的李嘉诚毕竟年少，工作一段时间后，全身酸痛，筋疲力尽，累得连走路的力气都没有，但因家庭重负和心里孕育的一股斗志，他每天仍然坚持自修至深夜，从不懈怠。为保证早晨上班不迟到，李嘉诚准备3个小闹钟同时叫醒自己。

  初到公司，李嘉诚从扫地、煲茶、倒水、跑腿的杂事干起。因在茶楼受过极严格的训练，李嘉诚轻车熟路，做得又快又好。舅父对他的长进欣喜不已，但从不当面夸他。不久，舅父将他调入高升街的一间钟表店当店员。

李嘉诚松了一口气，终于有资格在中南表店正式学艺了。想起几个月来偷学手艺，李嘉诚心里特别充实，甚至有股兴奋和冲动。其实，李嘉诚对舅舅铁面无私的为人早有体察。

刚进表店时，他也理解舅舅对自己的过于严厉，甚至严于对待普通徒工。不过日子久了，李嘉诚难免失望和不满。虽心中失意和茫然，但李嘉诚也很快适应了舅舅为自己限定的学艺条件。

他不气也不恼，每天仍然第一个来到表店，第一个开始工作。不过，他已懂得了"学艺不如偷艺"的道理。每天杂活后，他都悄悄躲在技工们视力不及的角落，偷偷观察他们如何修理零件精细的手表和挂钟。他一面偷偷观望，一面把技工们修钟表时的所有细节暗记在心。

回家后，李嘉诚再把从舅舅表店里学到和看到的细节，全部记在小本上。久而久之，他对各类钟表了如指掌，而且很快就掌握了钟表销售，做得十分出色。

多年后，与李嘉诚同在钟表店共事的老店员，在接受记者采访时介绍道：

嘉诚来高升店，是年纪最小的店员。开始谁都不把他当一回事，但不久都对他刮目相看。他对钟表很熟悉，知识很全，像吃钟表饭多年的人，谁都不敢相信，他学师才几个月。当时我们都认为他会成为一个能工巧匠，也能做个标青（出色）的钟表商，还没想到他今后会那么咸水（显赫）。

在高升街表店，几位师傅对新来当学徒的李嘉诚以礼相待，只是由于庄静庵有"凡是新学徒不经3年时间不能修表"的规定，他被分配当了一个推销员，这让他非常苦闷。这个工作需要李嘉诚到处奔波，使他感觉好像又回到了刚踏入社会到处觅职的时期。

如今，他必须每天靠自己的双腿从香港岛奔波到九龙，再从九龙徒步走到新界。浅水湾、深水湾、太平山、凤凰径、上环和中环、铜锣湾和九龙的半岛酒店……所有这些陌生的街道几乎都留下了李嘉诚的足印，而那建在半山上的巍峨高楼或英式建筑，还有那些低矮的民间"笼屋"，李嘉诚都在骄阳下或暴雨下频繁光顾。也就是这几年时间，李嘉诚对英国人统治的香港逐渐熟悉。

在那些为推销瑞士手表东奔西跑的日子里，李嘉诚最大的收获是从与客商及市民对话的过程中，熟悉了在香港生存的必备语言。他在家里休息的时间，几乎全用来自学英语。那时的他根本请不起教师，只能自学，拼命地背英语单词、句子，然后在外面应用。

虽然他发现英语并非一学就通，书本上的英语与现实生活中的沟通又是截然不同的两回事，不过通过反复练习与实践，李嘉诚的英文口语进步飞快。

李嘉诚具有非常惊人的记忆力，在端茶倒水招待顾客期间，以及在钟表店当店员的时候，他渐渐学会揣摸顾客的消费心理，并且知道如何真诚待人，以及如何获得顾客对自己的信任。

所到之处，他会将自己所听到的新鲜字和词以及一些名言警句,特别是生意上的诀窍——地默默记录下来,默默记在他胸怀壮志的心里。

日本人败退后,英国人又趾高气扬卷土重来。站在维多利亚港湾边,眺望尖沙咀五彩缤纷的灯光,李嘉诚陷入沉思——今后的路该怎样走?

一条路,在舅父荫庇下谋求发展,中南公司已成为香港钟表业的巨擘,收入稳定,生活安逸;另一条路要艰辛得多,充满风险,需要再一次到社会上闯荡。

李嘉诚选择了后者,他喜欢做充满挑战的事。待在舅父的羽翼下,更容易束缚自己,从而变得贪图安逸,他决定要趁现在年轻多学一些谋生的本领,拓宽视野,增长见识,为的是今后做大事业!

17岁的李嘉诚,心念已定,却不知如何向舅父开口。五金厂的老板跟庄静庵曾有业务交往,他出面与庄静庵交涉,请求庄静庵"放人"。

庄静庵与李嘉诚恳谈过一次,设身处地站在李嘉诚的角度看问题。当年自己也是一步步由打工仔变成老板的。李嘉诚眼下还不会独立开业,但凭舅父更深一层了解了李嘉诚与众不同的禀赋后判定,他迟早会踏上这一步的。尤其是李嘉诚在离开中南公司前,有关修表不如制表的高见令舅父庄静庵大为震惊。

没想到,在他的店里仅仅当了一年徒工的李嘉诚,竟然一眼就看透了他几十年经营中的弊病。后来,庄静庵果断地采纳了李嘉诚的建议,在表店原来修表的基础上,开始向生产中国表迈进和发展。至20世纪80年代,庄氏的中南表业已经可以生产出与世界一流手表相媲美的新式中国手表了。这其中无疑也有李嘉诚的一份功劳。

坚强刚毅的李嘉诚，再次平静勇敢地踏上了人生之旅，虽然他并不知道未来的世界等待他的是什么，他还有多少摸爬滚打的日子，还会有什么灾难或者不幸再度降临在他的身上，但是，有一点他是清楚并坚信不疑的：他从此不再是心存幻想、天真纯情的少年。他从此能够承认并且面对种种现实，他从此学会并且已经开始逐渐深沉、成熟起来……

1946年年初，李嘉诚去了名不见经传的五金厂做推销员。同事们大惑不解，阿诚是老板的外甥，又是个不可小觑的有本事的青年，在公司前程无量，他为啥要跳槽呢？原来，在半岛酒店推销瑞士表时，李嘉诚意外结识了一位热心的故乡人李嘉茂。

李嘉茂是惠州人，比李嘉诚年长许多，也是战前从惠州逃亡来港的难民。他推销的是一只只亮闪闪的镀锌铁桶。当时半岛酒店的每个房间，都需要配备一只这样的小桶，以便于房间打扫卫生时使用。李嘉茂见李嘉诚为人忠厚，很是喜欢。让李嘉诚激动的是李嘉茂只身来港创业、自力更生办起五金厂的不凡经历。

与李嘉茂相比，他渴望不受制于人的理想哪一天才能实现。李嘉茂居然在一无设备、二无资金、三无厂房的困难条件下，办起了五金厂。无论这家五金厂是否有发展的潜力，这对李嘉诚而言，都是一面巨大的镜子。因为他从李嘉茂的五金店看到了自己的卑微与无能。

李嘉诚自知他目前根本无法与已经建起五金厂并自任老板的李嘉茂相提并论，不过他从李嘉茂身上看到了自己的光明未来。

这就是他要下定决心从舅舅表店里跳槽的起因。

相见不久，李嘉诚来到了位于新界的调景岭。在调景岭鳞次栉比的工厂中，五金厂是家极不显眼的小厂子，只有两间简陋的厂房，算上李嘉茂才有8个人，但利润很可观。五金厂出品的是日用五金，比如镀锌铁桶这一项，最理想的客户是卖日杂货的店铺。

初到五金厂时，李嘉诚感到处处新鲜，可与李嘉茂接触久了，才发现这位小厂老板是个急性子，喜欢按自己的主见行事，对手下7个工人每天制铁桶有定额，而且如若完不成定额，轻则扣发薪水，重则当场解雇。

李嘉茂实施的这一套管理手法，让李嘉诚见了心生反感。不过他又觉得李嘉茂虽没多少文化，头脑却是第一流的聪明。他是采取强制手段管理工厂的小企业者，虽然有些难以接受，不过几个工人却被他管理得服服帖帖。小铁桶每天的定额总是如期完成，保质保量。李嘉诚在反感的同时也不得不对李嘉茂暗暗佩服。

当然，李嘉茂对李嘉诚这新来的推销员也不再客气，给予他每天的任务。

李嘉茂告诉他："每天你可以不来厂子，也不必给你限定每天推销出多少只铁桶。我只根据你每月推销多少产品，最后决定你的薪水。总之你推销得越多，我给你提成就越多。如果你每月能推销500只以上，我还要在固定薪水之外，再奖励你一定数额的钱。兄弟，也就是说水涨船高啊，我赚得多时你也会多得报酬的。"

如此精明实用的奖罚方法在当时是不多见的,这无疑能调动所有工人及推销员的积极性。李嘉茂实际上已把五金厂所得的利润,全部化整为零地分摊给每一个员工。

也许正因为如此,李嘉诚推销铁桶的劲头就格外大。这显然与给舅舅的中南表店当推销员时截然不同,前者是按劳取酬,多劳多得;后者则是推销多少都不影响薪水,有种吃大锅饭的味道。

李嘉诚刚来五金厂时,决定给李嘉茂露一手。不过,想在推销产品上标新立异,又谈何容易。

大家都看好的销售对象,竞争自然激烈。李嘉诚却时时绕开代销的线路,向用户直销。酒楼旅店是"吃货"大户,李嘉诚攻入一家旅店,一次就销了100多只。

家庭用户都是散户,一户家庭通常只要一两只。高级住宅区的家庭,早就使用上铝桶。李嘉诚来到中下层居民区,专找老太太卖桶。他很清楚这点,只要卖动了一只,就等于卖出了一批。因为老太太不上班闲居在家,喜欢串门聊天,自然而然成了李嘉诚的义务推销员。

当上一段时间推销员的李嘉诚自然知其甘苦,在那些有财有势的大老板面前,李嘉诚发现小小推销员的地位该有何等卑微。

然而他为李嘉茂推销铁桶时,尽管这种小铁桶的购买者多为香港的下层贫民,但是一般情况下仍遇不上几张笑脸。因为小铁桶的使用者们大多都有旧桶可使就不再购新桶了,有些居民在非购不可时才购买此类生活用品,一般也会采取能省则省、能压价就压价的做法。

有时李嘉诚费了许多唇舌讲好了一桩生意，屈指一算，利润几乎刚好与成本持平。像这样的生意即便做得再多，在精明的老板李嘉茂那里也注定不会得到优厚回报的。

"如果我想在五金厂立稳脚跟，就必须做几单大生意，否则我在五金厂迟早会栽跟斗的。"李嘉诚这样想着，自感肩膀上的压力与日俱增。他担心在这里若长期打不开局面，李嘉茂会对他失去信心，李嘉诚随时都有可能被"炒鱿鱼"。如若在这里以被人解雇收场，那么他又如何面对母亲，面对舅舅？

不满现状再度跳槽

李嘉诚开始将目光盯向君悦、太古、半岛、文华、镛记等几家大酒店。据他了解，这些酒店客房中用量较多的小铁桶，一般都是由某些大五金厂定期将铁桶按时运到酒店的，而且物美价廉。难怪即使是李嘉茂这样精明的老板出面，也多次在大酒楼老板的面前频频碰壁，原来，他们早有供货厂商了。

看来李嘉诚想与这类大型酒楼做成生意，几乎没有希望。可他就是不甘心，李嘉诚认为，同样的事情，别人不成功并不一定就等于自己也不能成功。成功与否，只有去做了，尽力了才会无愧于心。这种观念已成为李嘉诚做事的准则。

五星级君悦酒店门前守候的侍应生，通常见了汽车才笑脸相迎，但他们见到李嘉诚这样的布衣草民是个例外。李嘉诚相貌奇伟，再加上温和的性格，侍应生往往都对他网开一面。然而，要上楼面见老板，远非他入门那么容易。

在这里，即便酒店的服务生和侍应生，见老板都并非易事。

至于外来的客人，贸然登堂谈小铁桶生意，简直就是天方夜谭。在三楼老板办公室门外的接待厅里，女秘书还是拦住了李嘉诚："对不起，老板肯定不会接待你的，我也不敢进去通报。因为像五金厂这类生意，我们酒店肯定是不缺货的。"

李嘉诚无奈，只好退出了接待厅。但他想起走进酒店大门所经历的波折，又感到即便生意无望，至少也该与老板见上一面，不然他会觉得遗憾，于是就站在厅外的走廊里等。一小时后，那位女秘书经过走廊时竟发现李嘉诚还在这里，心有不忍，破例向老板作了汇报。果然不出女秘书所料，老板严厉回绝："不见推销员！"

听罢女秘书反馈的信息，李嘉诚怅然下楼，但又一想，仍然感到进一次酒店实在不易，要想办法把事办成，于是他就坐在楼下大厅的沙发上等待时机。

他认为，老板一定会下楼的，如能等到老板，上前介绍一下五金厂的状况也不枉进了君悦酒店一次。没料到，老板直至中午时分也没有下楼，倒是下午，女秘书因事下楼又意外地发现了李嘉诚。她再次为这位年轻推销员的至诚精神所感，她决定帮助这个推销员一把，于是她又一次向老板作了汇报。

老板发现，出现在自己面前的年轻推销员居然身姿潇洒、仪表堂堂，这时他的心情忽然变得愉快起来。多年来，他所接触的推销员，大多是见了面就递纸烟，或点头哈腰、满嘴阿谀之词，十分令人作呕，甚至让人没有心情谈生意了。

可李嘉诚虽也面带笑容，浑身却有股高雅自重之气。见到老板，他刚提到小铁桶，老板就打断了他的话。李嘉诚没想到苦等几小时的最后结局,仍然是遭到拒绝。于是,他礼貌地向老板致意,然后告辞出门。

李嘉诚退出办公室后,老板反复思索,感到这位推销员虽地位卑微,却礼貌而从容;尽管他为推销自己的产品说尽了好话,但又与那些媚颜卑膝的来客有本质的不同。

就在老板自感遗憾之时,走到楼下的李嘉诚忽然又转身上了楼梯,他也感到自己刚才忙中出差,有一句最重要的话尚未来得及向老板询问,于是,他再次走进了那间地板锃亮的办公室。

面对转椅上老板那双惊愕的眼睛,李嘉诚恭敬地上前一步,谦和地说:"是这样,我刚才就这样匆忙下楼其实是不礼貌的。因为我还没有征求先生对我推销方式的意见呢。因为我很年轻,也是刚做这种生意,所以难免有些不谙此道。我对先生并无其他所求了,只求先生能从长辈的角度,给我的推销方式提一点宝贵的意见。"

老板这次不能不对李嘉诚刮目相看了。依他多年的经验,凡在这里碰壁的推销员,十有八九都是摔门而去的。面前这位年轻人,温文尔雅且又知书达理,浑身透着种书卷气。而老板也是有学识的生意人,所以他对李嘉诚的再次上门颇有好感。于是他起身让座,并叫秘书上茶。

老板坐下来认真地与李嘉诚对话。老板说:"年轻人,并不是你在推销过程中有什么不礼貌,应该说你是个很会做事的人。你当推销员也很称职。只是你们五金厂太小,产品也不可能登大雅之堂,尤其是像我们这样的大酒店,一般都从有名气的厂家进货。所以我只能拒绝你了,请你原谅。"

"没关系，如果我在先生这个位置，也会这样做的。"李嘉诚非常通情达理。他见老板已能与他平等对话，索性把想说的话吐出来。他忽然问道："如果我没有猜错，贵店是否从香港名气很大的凯腾五金店进过小铁桶？"

老板意外地望着他："年轻人，你咋知道这些？"

李嘉诚笑了笑："都做五金生意的，我们当然不会没有耳闻。"

老板说："你们知道就好。坦率地说，他们生产的镀锌小铁桶，我们用起来相当顺手，所以并不需要再从其他五金厂另外进货了。"

李嘉诚还是温和地笑笑说："先生有可能对小铁桶的生产工艺不太知情。据我所知，凯腾虽然在香港享有很高的声誉，可他们用的并不是进口镀锌板材。虽然他们在出售产品时打着日本材料的招牌，其实他们只是使用我们五金厂不用的边角余料进行再加工罢了，然后他们再以进口镀锌板的名义上市。其实许多买主都被他们蒙在鼓里。"

"竟有这样的事？年轻人，你为了推销自家产品就随便败坏其他同行的声誉，这行为实在难以让人赞许啊！"

李嘉诚仍然温和带笑地说："是的，先生，我本不该对您说出这些同行的秘密，只是我方才与您一席交谈，感到您人格高尚，也是读书人，这才让我忍不住无意失言了。对不起，我要告辞了。请相信我的话，最好不要上当才好！"

李嘉诚走后，老板请来专家对酒店的小水桶进行验查，发现其的确是用边角余料和废旧镀锌板制成的。他再让专家查看李嘉诚带来的样品，这才发现李嘉诚推销的小铁桶不但都用上好的镀锌板制成，而且价格也更低廉。于是，老板马上派人照李嘉诚名片上的地址找到他，一次就下了500只小铁桶的订单。从此，五金厂产销两旺。但出乎意料的是，一年后，李嘉诚再度跳槽！

1947年冬的一个上午，李嘉诚在一家英国人开的大酒店内谈妥一笔生意后，喜滋滋地准备回去时，忽然听到有人轻轻召唤他："小兄弟，你可就是李嘉诚吗？"

李嘉诚转身一看，发现是一个青年人，身材与自己差不多。李嘉诚一看便知，此人肯定也是在雪天里到处奔波的推销员。与自己有所不同的是，那位青年人手中的皮包里装的是一条条紫红色的皮带。李嘉诚早就见过这种并非皮革制成的男人腰带，新式的塑料制品刚刚在香港走俏，一般普通人都还不曾系过这种让人感到眼馋的塑料产品。李嘉诚知道在当时的香港，硬塑产品已经开始畅销了，然而腰带之类软塑料产品还十分少见，尤其像面前这位同行手里拎的一皮包紫红色塑料皮带。对喜欢新事物的李嘉诚来说十分好奇。于是，李嘉诚问："这位先生，请问您是……？"

青年人友善地笑了笑："前几天是见过一面，不过，那时我还不知你就是大名鼎鼎的李嘉诚。你走了以后，经我打听才知道，原来你就是咱们推销圈里有名的李嘉诚啊！"

李嘉诚这才知道几年来的推销员生涯让他不但闯出一条推销之路，同时也结识了一些在香港遍地奔波的商家推销员，并且在这些同行中居然有了一点小小的名气。他谦和地笑答："不敢当，请问这位兄弟,您在哪家工厂供职发财呀?"

"我是万和塑胶裤带公司的推销员林乐怡。"那人递过来一张名片,李嘉诚看时心里暗暗一动。这家公司他早就有所耳闻了。林乐怡把他拉到附近一家咖啡屋坐定,然后为李嘉诚叫了一听热咖啡,两人边饮边聊,俨然久别的老友一般。李嘉诚的谦和质朴,让与他初次见面的年轻推销员感到亲切。

林乐怡说:"我为什么要喊住你?并不是我个人的意思,而是我们公司老板再三叮嘱的,老板对我说,只要见到李嘉诚,一定要替他请你喝杯咖啡!"

李嘉诚听了越发奇怪:"你们公司老板?他怎么知道我这个小小推销员啊?"

林乐怡说:"你可不要谦虚了。其实我们老板早就闻知您的大名了。这两年你为五金厂跑推销,把几家有名的大酒店生意都给揽过去了,谁能不佩服你呀?特别像半岛酒店那种普通推销员连门也不敢进的地方,你居然靠着和悦的笑脸打通了重重关节。这在咱们这些推销员中不是一个奇迹吗?再说,你能把生意做到连文华大酒店老板娘都佩服的程度,不足以证明你李嘉诚有一套征服大商家的本事吗?所以,你的名气越来越大,最后就连我们公司老板也暗暗佩服你的本事。所以,他一再叮嘱我要把你给拉过来。"

李嘉诚简直不敢想象,那么大的塑胶公司的老板居然会期待他一个五金厂的小推销员加盟。

见李嘉诚惊诧不已,困惑重重,林乐怡精神振奋起来,说:"我们公司现在的产品,可以称得上是香港最先进的,本来销路也不错，可我们老板却说：'如果能把李嘉诚给我请来，我敢保证咱们厂的产品销量肯定会成倍翻番。'我们塑胶公司不缺资金，但缺少的就是像你这样的能公关的推销员。"

李嘉诚认真地听着，林乐怡继续振振有词地说："李先生也知道你现在供职的五金厂充其量只能维持到年末。可是我们的塑胶公司却越办越好。我们公司为什么走上坡路？就因为塑胶产品的物美价廉啊。至于五金业现在越来越不行了，这是不以人的意志为转移的。我劝你赶紧认清形势，不然，等五金厂倒闭时你再拔脚，就来不及了呀。"

尽管林乐怡说得非常有道理，但是，李嘉诚不是一个稍有诱惑就能改变主意的人，尤其是眼下五金厂正处于产销严重脱节的危急时刻，李嘉诚对去留更应该认真思考。谈到最后，李嘉诚告诉林乐怡让自己和家人商量商量。

晚上回到家里，李嘉诚把他有意到万和塑胶公司的意思，如此这般地告诉了母亲庄碧琴。一向保守的母亲说："阿诚，既然在五金厂的收入较为可观，索性就这样干下去吧！不到五金厂揭不开锅的时候，最好不要轻言跳槽才好，不然，有人会说你喜欢这山望着那山高啊！"

这一夜，李嘉诚躺在床上辗转反侧，难以入眠。

他对万和塑胶公司的邀请早已动了心，其原因并不在推销员林乐怡如何美言自己，也不在于万和塑胶公司老板如何求贤若渴。而关键在于李嘉诚在五金厂的生产与销售双滑坡之时，就已经开始考虑自己将来的前途了。

李嘉诚自知他无法与别人相比，他的家庭全靠他一人支撑，弟弟和妹妹也还在读小学和中学，全家5口人除衣食温饱之外，每天的花销也越来越多。假如五金厂一旦破产，到那时他再去寻觅新的职业，就怕没有这样的机会了。李嘉诚越想到五金厂小铁桶销售的艰难，就越想起塑料制品在香港的走俏。

李嘉诚从床头柜里翻出几册他最近新买的英文书刊，都是一些介绍最新化工产品和塑料制品的杂志。李嘉诚在月光下读起来，眼睛忽然一亮，因为这些杂志上大多都在推介塑料制品，并说在不久的将来，塑料制品很可能代替一切铁制品。

让李嘉诚茅塞顿开的是，书刊上报道的新知识，在1948年的香港，尚属大多数市民还未充分认识到的全新领域。

如果说从前李嘉诚一直认为精美漂亮的塑料制品，至少在10多年内还是香港百姓生活可望而不可即的奢侈品，那么经过一些经济预言家们对塑料制品的前瞻性展望，他已经看到一个崭新美好的前景：将来的香港家家户户都用上了轻松便捷的塑料制品。

到了那个时候，谁还会花钱去买洋铁制成的沉重小桶呢？塑料制品一旦走进香港的寻常百姓家，五金制品在市场上就很难立足了。

经过整整一夜的反复思索，一个强烈的念头在李嘉诚头脑中占据了主导地位。紧迫的情势要求他必须在最短几天里作出抉择：要么是顾及与李嘉茂的情面而耽搁宝贵的机遇，要么是为了抓住人生重要机遇伤害友人的感情。摆在李嘉诚面前的选择就是如此严峻，容不得他有更多的思考。

经过他从香港西营盘春茗茶楼跳到舅舅的中南表店，再从中南表店跳槽到李嘉茂的五金厂，李嘉诚从刚谙世事的小孩子，逐步变成了初通企业内幕与推销经验的成熟销售人才。经过几年时间的打拼，李嘉诚已从香港下层社会的无望平民，成了衣食自保的精明打工仔。

李嘉诚如今清醒地认识到，他所从事的推销员职业，正是进入香港商界的必经之路。他自知这几步必须要走好。几年来取得的丰富经验告诉自己，他的每一次跳槽，都有经验与财富的大丰收，正所谓"人挪活，树挪死"。

李嘉诚反思，如果他当年满足于春茗茶楼的现状，继续留在那里打工的话，他如今充其量还只是一个在茶楼上跑跑颠颠、楼上楼下给客人端茶送水的小伙计而已；如果他现在仍然守在舅舅高升街的表店里，充其量也不过是个尚未满徒的修表工。而今李嘉诚不但在推销圈子里小有名气，而且他能在轻松解决一家5口人的温饱衣食之余，仍有几许余款在腰间了。

当李嘉茂猛然听到李嘉诚提出辞职并想到塑胶公司谋生的请求时，顿时气得摇头摆手，连连阻拦。

见老板大发雷霆，李嘉诚既不怒也不恼，仍然笑脸相对，说话的语句也像从前那样温文尔雅，不慌不乱。李嘉茂早已觉察到，许多五金厂都在千方百计地企图从他身边撬走李嘉诚。可是，李嘉茂没有想到李嘉诚会在一年时间里就动了再谋新生路的念头。

李嘉茂当然不肯忍痛割爱。

不过，凭着李嘉诚一年来对他五金厂的贡献，如今，李嘉诚既然去意已决，他也感到如果继续挽留于理于义都不合。不过他特别顾虑，害怕李嘉诚为了自己的前程，而将他的客户带去给塑胶公司。

在明白老板的意图后，李嘉诚笑了：

老板说什么话？我即便去了塑胶公司，也肯定用不上咱们五金厂的人脉关系。因为塑胶制品和咱们的铁制品是两个风马牛不相及的范畴。我到了塑胶公司，为了推销还是要另开辟一条销售渠道才行。至于让我做不仁不义的事，请老板放心，我李嘉诚绝不是那种人啊！

锐志进取，成绩斐然

这次"跳槽"很幸运，李嘉诚刚到万和公司，就被委以重任，当上了公司9名推销员的领班。

但李嘉诚知道，手下的8名推销员都已在商场上打拼多年，都有固定的客户，而自己作为新人，短时间内肯定无法占据推销数量的优势。要打开销售的局面，赶超所有人，恐怕就只有百倍努力了。

那时，塑料品刚起步，了解它的人极少，要打开香港市场，就必须批量销售。

拿定主意，李嘉诚便设法接近九龙最大的商货批发行——九龙太平洋商行。这家批发行财大气粗，早在李嘉诚进万和塑胶公司前，就有几位推销员刻意打它的主意了，但商行的老板根本看不中香港出产的塑胶制品。

他们的产品大多都来自欧洲或新加坡等地。货价虽高，但老板笃定其品质良好。

而今，李嘉诚这个新手，如何叩开太平洋商行紧闭的大门呢？这商行，不同于他从前常进常出的酒店。酒店毕竟不拒客人进出，但到商行来的大多是一些乘坐小轿车的老板和大亨们，像他这样的推销员，刚在门前露头就会遭到守门人的拦阻。

李嘉诚前两次想迈进大门，都怯怯地收回了脚。到第三次，李嘉诚终于豁出去了，决定硬着头皮闯一下太平洋商行。为进商行，李嘉诚特地穿了西装，系了领带，夹了只皮包，潇洒的举止和从容的气度，让守门人一时难以辨别他的身份。

一到门口，李嘉诚就递上名片，佯称去商行购货。不料他刚进大楼，迎面就又遇上两个凶煞的保安，当他们确定李嘉诚不是推销员才放他上了楼。

第三关仍然还是对付守在门厅里的女秘书，李嘉诚不敢懈怠。李嘉诚早把这关研究透了，必须得到女秘书的同情，才可能走近他所要求见的商行核心人物。

这一次，李嘉诚见到的老板是位30岁出头的年轻人。他应接不暇地接着电话，旁边八九岁的小男孩却拼命地闹着要去看赛马。李嘉诚几次想吸引他的注意力，小男孩都不予理会，仍然哭叫着要去看赛马。

见此情形，李嘉诚心里凉了半截。果然不出所料，眼前这位盛气凌人的老板根本不把他放在眼里，才说话，他就遭到厉声驱逐。许多想好的主意完全派不上用场，李嘉诚只好讪讪而退。

为这次挫折，李嘉诚苦恼了多日。

他来万和公司眨眼已有一个星期，竟连一份订单也没有到手。再看他领导的几个推销员，向李嘉诚投来的常常是不屑和嘲讽的眼神。再看老板，眼神里也流露出几分狐疑。李嘉诚急得嘴里生了水泡，但对于攻克太平洋商行的计划，他始终不肯放弃。

李嘉诚默默反思前次碰壁的教训，可他始终感到，要接近这个崇洋媚外、得意忘形的老板简直比登天还难。而无法接近这个老板的话，根本就毫无生意可谈。

李嘉诚的心情糟透了，想到再过几日他就可能因出师无果而悻悻离开万和塑胶公司，以及将来的处境，他茫然地走进了一家小餐馆，破例喝了满满一杯烈性威士忌。越想这次进万和后的困境，李嘉诚心里就越感到憋闷。他竟一个人对酒唏嘘，凄然落泪。

一位老者过来，与李嘉诚攀谈。李嘉诚见老人真诚，索性把他的遭遇如实向老人倾吐一番。老人特别同情他，告诉他自己也是太平洋商行的守门人，日后可以帮助他。李嘉诚大喜过望，握住老人的手，动情地哭了起来。

蓦然忆起那天，在老板办公室，他见到那个男孩子纠缠老板看赛马的情景，李嘉诚灵机一动，一个大胆的计划在心中形成了。

翌日下午，经老人搭桥，李嘉诚与老板的儿子结识了。李嘉诚隔几日便带他前往"快活谷"马场看赛马。经过几个月的交往，老板儿子就把李嘉诚当成老朋友了。

老人见李嘉诚和老板儿子友情日深，便拿出一张李嘉诚与孩子在赛马场的合影给老板看，同时告诉老板，孩子变乖了，多亏了李嘉诚照顾孩子。

老板蓦然记起照片上的李嘉诚，心里感动，却只对老人

"哦"了一声，再没表示。

后来，老板又询问儿子，儿子指着照片上的李嘉诚对父亲说："他是我朋友。阿爸，这位李先生待我实在是太好了。他每次带我看赛马，不但掏钱给我买票，还给我买许多好吃的东西。"

老板心中有数。他没想到，一个民营公司的推销员，为了推销产品，竟然把工作做到自己家里来了。不过，老板心里对李嘉诚纵然产生了敬佩与好感，但心里仍然有无法逾越的障碍。因为他还是看不起香港当地生产的新式塑料产品，所以，仍然不能让太平洋商行马上同意进货。

直至有一天，老人来到楼上内室，用李嘉诚送来的那把粉红色的塑料喷壶浇花，让刚刚起床的老板看到。他见守门老人手中塑料喷壶不仅色泽鲜艳，而且造型精美，玲珑剔透，心中惊奇，于是他再次把那只粉红色的精致喷壶举到眼前，反复审视打量多时，情不自禁地叹息一声，自言自语地说："看起来，我是有些狗眼看人低了呀。"

当天上午，老板便派人把一份数额相当可观的订货单主动送到万和塑胶公司。当时，万和塑胶公司老板王东山手捧着这份沉甸甸的订单眼里湿润了。他做梦也没想到李嘉诚在坐了一个多月冷板凳后，竟然一举攻克了万和公司多年都无力打开的太平洋商行的大门。

从此，商行取消了从欧洲进塑料制品的惯例，全部从李嘉诚当推销员的香港万和塑料有限公司订购系列塑胶产品。李嘉诚的脸上终于露出了欣慰的笑容。这一战役的胜利，彻底改变了他在这家塑胶公司的地位。李嘉诚以慢功软化强手的营销策略也渐渐传为美谈。

推销员被很多人看作是"天下最复杂的职业",虽说许多功成名就的大富豪都有过推销的经历,但回忆起那段时光,几乎人人都会说"辛苦"两字。但李嘉诚却完全不在意,为了节约每一分钱路费,他去公司上下班几乎从不坐车,无论多远的路,都尽量走着去,走着回。

李嘉诚从不高谈阔论,总给客户留下彬彬有礼而诚实的好印象。他言辞不多,却句句贴近客户的心理。他说话的节奏不紧不慢,从不流露出自己急切想要推销产品的感觉,而是让客户觉得自己所介绍的产品恰好是他所需要的。

李嘉诚从不盲目推销,在出门之前,他早已注意并分析了市场和消费者对此类商品的使用情况,他根据分析结果来确定自己的目标客户,之后做好相应准备才出发去推销,这就是知己知彼。

知己是指对自家产品完全熟悉,知彼就是确定客户群并了解他们的心理。当时,李嘉诚还把整个香港划分成不同的区域,将每个区域的居民区及生活水平、日用品市场分布都一一考察记录下来。根据这份记录,他很快就总结出什么类型的产品该到什么样的区域去推销。

用了不到一年时间,李嘉诚的销售业绩就大大超越了其他同事,成为塑胶公司里营业额最高的推销员。

第一年,公司年终统计得出的数字非常惊人,李嘉诚的销售业绩竟然是第二名的整整7倍之多。老板和员工们都惊讶不已,发自内心地佩服这位看上去清秀瘦弱却有着坚强毅力和执着精神的年轻人。

在李嘉诚的带动下，其他同事们也更加积极努力地推销产品，塑胶公司的业务量与日俱增，效益也越来越好。

李嘉诚在塑胶行业中渐渐有了较高的知名度，有公司想花大价钱把李嘉诚挖过去。也有公司经理甚至老板纷纷出面，邀请李嘉诚吃饭、喝茶，和他商量跳槽的事情，并承诺只要李嘉诚愿意前往，薪酬待遇任由他提，他们一定会悉数兑现。

李嘉诚的老板听到消息后，担心李嘉诚真的跳槽而去，那将会给自己的公司造成不可估量的损失。为了留住李嘉诚，他提拔李嘉诚为业务部的经理，并大大提高了薪水。这样他还不放心，考虑再三，最终打破惯例将塑胶公司 20% 的红股转到李嘉诚名下。

这一年，李嘉诚刚满 18 岁，可谓是公司里最年轻的部门经理和股东了。其实，李嘉诚和其他公司的人见面只是了解同行业的状况，至于跳槽这事，无论对方给出多么优厚的条件，他都不会动心的，因为李嘉诚特别感激老板当初从五金厂把他请过来。

经过这次的风波，李嘉诚的老板更加信任他，而在塑胶行业内，年仅 18 岁的李嘉诚因令人敬佩的人品而享有了更高的知名度。

升任部门经理后，李嘉诚并没有心狂气傲，他始终记得父亲临终前的叮嘱"得意时不可忘形"，他依然辛勤努力，以身作则带动同事们积极工作。

李嘉诚每天再忙，都会花一定的时间阅读新出的报纸杂志，从中了解分析国内外塑胶市场的需求变化。他也会花时间去茶楼等消费场所小坐片刻。通过人们茶余饭后的谈话,掌握香港本地塑胶行业的行情,他将这些信息归纳整理,形成一条比较明确的发展主线,制订销售计划,指导推销员们更好地完成销售任务。因此,公司销售额年年大幅增长,成绩斐然,李嘉诚在塑胶公司的地位越发显得重要,他的老板更加赏识这位不可多得的人才。

在李嘉诚担任部门经理两年之后,他再一次得到了晋升,当上了公司总经理。李嘉诚的快速擢升还有一段插曲:他在厂里当销售员时,再忙也要到夜校进修。他在会考合格后打算去读大学,老板为挽留这个人才,便索性把他提升到总经理的岗位上了。

这一次,不到20岁的李嘉诚成为了塑胶公司的总经理,全盘负责公司的日常事务。他熟悉推销工作,可也深知生产管理是他的弱处,所以虽为总经理,他却把自己当小学生。他总是蹲在工作现场,身着工装,同工人一道干,极少坐在总经理办公室。每道工序他都要亲自尝试,兴趣盎然,一点也不觉得苦和累。

有一次,李嘉诚在操作台上割塑胶带,不慎划破手指,鲜血直流,他没吭声,迅速缠上胶布,继续操作。事后伤口发炎,他才去看医生。

许多年后,一位记者向李嘉诚提及这事,说:"你的经验,是以血的代价换得的。"

李嘉诚微笑道:"大概不好这么说,那都是我愿做的事,只要你愿做某件事情,就不会在乎其他的。"

随着生产管理范围的扩展,李嘉诚再一次显示了聪明好学的禀赋。他用极短的时间就完全熟悉了塑胶行业生产经营的流程;

随着社交范围的扩大延伸，他结识了更多的老板或管理者，不断地人际关系，也提高了管理与经营的能力。

到这时，李嘉诚已经成为塑胶公司的台柱子，成为高收入的打工仔，是同龄人中的杰出者。他才20出头，就爬到打工族的最高位置，做出令人羡慕的业绩。按理说，此时的李嘉诚应该心满意足。然而，在他的人生字典中没有"满足"两字。功成名就、地位显赫的他，决定重新投入社会，以自己的聪明才智，开始新的人生搏击。

于是，在1950年，攒积了7000美元的李嘉诚，在获得总经理重任不久，他递上了辞呈。

李嘉诚决意要离开自己的老板，他想要用自己平日点滴的积蓄从零开始，创造一个真正属于他自己的王国。李嘉诚明白，从今往后，他将成为自己的老板，成为失败或者成功的最终而且也是唯一的承担者。

这也意味着，李嘉诚在用自己的血汗钱独自创立一个随时随地都有可能面临绝境的企业王国。这种覆灭的危险所造成的压力，会沉重地压在李嘉诚的肩头上。

老板自然舍不得李嘉诚离去，再三挽留。据说，在李嘉诚离职前，曾有个相士，拉住李嘉诚看相，说他"天庭饱满，日后非贵即富，必会光宗耀祖，名震香江"。此事在公司传为佳话，老板不信相术，但笃信李嘉诚具备与众不同的良好素质，他不论做什么事，都会是最出色的。因此，李嘉诚绝非池中之物，他谦虚沉稳的外表下，实则蕴涵着勃勃雄心，他未来的前程，非吾辈所能比拟的。这是老板通过与李嘉诚相处的几年，得出的判断。

老板挽留不住李嘉诚，并未指责李嘉诚"羽毛丰满，不记栽培器重之恩，弃他远走高飞"。老板约李嘉诚到酒楼，设宴为他辞工饯行，令李嘉诚十分感动。

席间，李嘉诚说了一番老实话：

> 我离开你的塑胶公司，是打算自己也办一个塑胶厂。我难免会使用在你手下学到的技术，也大概会开发一些同样的产品。现在塑胶厂遍地开花，我不这样做，别人也会这样做。不过我绝不会把客户带走，不会用你的销售网推销我的产品，我会另外开辟销售线路。

大业初创,危机四伏

怀着愧疚之情,李嘉诚离开了塑胶公司。他不得不走这一步,他期待属于自己的未来,而眼下是他人生中的一次重大转折。

1950年春天,李嘉诚再次来到香港的筲箕湾考察,并决定在这里开办一家工厂。

李嘉诚离开万和时,整个世界经济自第二次世界大战后迅速恢复,开始持续增长。正是在这种大背景下,李嘉诚毅然辞工,独立创业。创业资金并没有难倒李嘉诚,自己挣的再加上向朋友借的,很快就凑了5万港元。让李嘉诚感到棘手的,却是给塑胶厂取名。

从辞职那天起,他就一直在思考厂名,他先后取了几十个厂名,最后确定为"长江"。其寓意是:

长江不择细流,故能浩荡万里。长江之源头,仅涓涓细流，东流而去，容纳无数支流，形成汪洋之势。日后的长江塑胶厂，发展势头也会像长江一样，由小到大。

长江是中国的母亲河，是中华民族的骄傲。未来的长江集团，也应该为中国人引以为自豪。长江浩荡万里，具有宽阔的胸怀，一个有志于实业的人，理当扬帆万里，破浪前进，去创建宏图伟业。

由于香港闹房荒和手头资金紧张，李嘉诚只能租廉价厂房。从港岛到九龙，李嘉诚跑了一个多月，最后才在港岛东北角的筲箕湾找到勉强合意的厂房。

筲箕湾是港岛的偏僻地，厂址就更偏僻，临靠山谷的小溪。正因为偏僻，所以租金较低。几番讨价还价，加上当时实在找不到更合适的厂房，李嘉诚只得按房主要的价，租下这墙破瓦裂的厂房。房内压塑机是欧美的淘汰设备。

如果说当时的长江塑胶厂能透出一线新迹象的话，那就是挂在门口的那块崭新的长江塑胶厂厂牌。

李嘉诚是个实干家，公司创办之初，身兼数职的李嘉诚每天至少工作16个小时，大清早就出门联系业务。回厂之后，一天的紧张工作才算正式开始。这时候，他既是埋头工作的工人，又是传授技术的师傅，还是一厂之长。

到了晚上，李嘉诚一头埋在书桌前搞设计，以便第二天工人们能照图施工。他又是一个勇于创新的革新能手，一个名副其实的工程师。每天的夜晚，那是李嘉诚自修各门功课的时间，这时的李嘉诚又成为一名勤奋的学生。

李嘉诚住在厂里,每星期回家一次,看望母亲和弟妹。企业规模稍扩大后,他在新蒲岗租了一幢破旧的小阁楼,既是长江塑胶厂的写字间,又是成品仓库,还是他的栖身处。那时的李嘉诚,把自己"埋"进了长江塑胶厂。

李嘉诚所雇工人,多是从祖国内地涌进香港的农民,因而人工薪金比较低廉;设备是利用其他塑胶厂淘汰的旧机器进行复修改造,而生产塑胶产品的技术他比较精通,不必再花一笔钱去另请人才,再加上当时香港市场的塑胶产品相对仍然有限,如果他肯及早开发上市,必然会抢占一定的市场份额。

1950年3月15日,长江塑胶厂终于生产出第一批产品:50只塑胶玩具手枪。看到眼前这些五彩缤纷的玩具枪,李嘉诚激动得流下了热泪。在茅草为顶的办公室里,李嘉诚特意去街上买来罐头、卤鸡、香肠和汽水摆了一桌"酒宴"。

面对几天来和他一样在工厂里摸爬滚打的工人们,他说:"将来有一天,我们的长江塑胶厂一定要成为香港最有实力的工厂。这就是我为什么要把工厂命名为长江的原因啊!希望大家都要像长江之水那样,后浪推前浪,一浪高过一浪地把咱们工厂引向光明,引向胜利!"

塑胶玩具开始上市后,为打开局面,李嘉诚又当起了推销员。这次他所开辟的销货路线,尽量避免从前在万和塑胶公司主持销售工作期间联系的酒店和商铺。为了不让自己的产品抢占万和公司固有的市场,李嘉诚带着几个推销员刻意开发新的领域。

由于李嘉诚善于推销之道,所以几天时间里他的产品就迅速在香港市场上铺开了。

不过，产品虽然销售很旺，李嘉诚还是暗暗地捏着一把冷汗，因为他知道产品销出以后还有一个退货期，过了退货期的产品才能收回货款。所以在产品尚未经过市场验证之前，李嘉诚是绝对不敢掉以轻心的。

一天上午，一位万和公司的老客户来访。李嘉诚把来客恭敬地请进自己的临时办公室，亲自点上香烟，斟上茶水，然后与来客闲聊起来。当客人发现桌上的新产品后，便决定从今以后，取消万和公司订单，而只从长江塑胶厂进货。

当时，长江塑胶厂的第一批塑胶玩具，必须要马上销售出去，然而由于他无法再像从前那样每天到处联系销路，所以致使产品在仓库里积压。而今有老朋友主动上门商洽进货，当然是他坐地推销的最好时机。

可李嘉诚记得，他临离开万和塑胶公司前，曾经对王东山拍胸发过的誓言："我绝不会抢贵公司的客户，我的产品必须要靠重新开发的新销售渠道来进行销售。"于是他委婉谢绝了前来订货的老朋友。

来客大惊，他做梦也没想到，李嘉诚竟然会把主动上门求货的来客拒之门外。来客见李嘉诚如此恪守为人准则，如此看重诺言和信用，大为感动。他重新回到万和公司进货，并有意无意地把李嘉诚的一番话告诉给王东山。王东山听了许久没说话，后来他送走客人，才对身边的人感叹说："我就知道李嘉诚是个有德行的人！"

此后，还有一些李嘉诚从前在万和的客户，也都通过种种途径找到李嘉诚的新厂要求进货。

李嘉诚也都像前次一样，宁可看着自己仓库里积压的玩具产品找不到顺畅的销路，也绝不违背离开王东山公司时的诺言。李嘉诚希望的是，以他自己的信誉开辟一条全新的销路。

李嘉诚信守承诺，凭借自己多年的推销经验，很快又开发了一批新客户，而且非常顺利地销售完了长江塑胶厂生产的第一批塑胶产品。

在李嘉诚身先士卒的率领下，工人们加班加点，长江塑胶厂呈现出一片勃勃生机。在连续收到几笔货款后，李嘉诚在第一时间内招聘了专职会计、出纳、推销员、采购员和仓库保管员，员工们各司其职，他终于不再是那个身兼数职的小老板了。

年轻而且经验不足的李嘉诚开始过于自信、盲目。由于过快扩大生产，承接订单过多，加之设备的简陋并且人手不足，极大地影响了塑胶产品的质量，迫在眉睫的交货期也使重视质量的李嘉诚无暇顾及越来越严重的次品现象。

大量的残次品逐渐引起客户的极度不满。很快，就有客户纷纷要求退货或重新发货。没多久，长江塑胶厂那不大的仓库里就渐渐堆满了因各种缘由而退回来的产品。李嘉诚这时才意识到，自己的盲目冲动造成了多么严重的后果。

李嘉诚自从投身商海，无论在何种行业中谋生，他都以诚信和稳健获得好评，即便他刚踏入香港这畸形繁华的社会时，虽处处坎坷，但也很少发生遭人否定的难堪。这次他倾尽家中的全部积蓄办厂，原以为自己的产品一旦上市，肯定能获得大家的好评，哪里想到当初在万和公司车间里看到的产品流水线，以为是了如指掌,没想到自己一旦操作起来,竟漏洞百出,生产出来的玩具都太粗糙。"厂长,今天又有一批退货!"这样的话,李嘉诚最怕听到但又经常听到。初战失利,让他痛定思痛。

他决定冷静下来,专心解决产品质量问题。可李嘉诚手中仍攥着一把新订单,延误交期就要被索赔,甚至连老本都要贴进去。李嘉诚狠狠心,决定继续坚持生产。

这一次,李嘉诚亲自监督质量,并操作机器生产,紧赶慢赶终于完成了一批订单,虽然晚了几天,但李嘉诚以为:这批塑胶产品绝对保证了质量,客户一定会收下的。可是,他再一次遭受了沉重的打击。客户不仅拒绝收货,还提出因为延迟交货,要长江塑胶厂赔偿他们的经济损失。

劳累了数日的李嘉诚呆坐在仓库里,眼前是堆积如山的各种退货,他望着不久前还给自己带来惊喜和自信的塑胶产品,心里空空如也。好几个月前,仓库还没有用武之地,如今仓库却成了拥挤不堪的地方,一批批退回的货品上打着醒目的标签,看日期几乎都集中在一个月内。

李嘉诚一个个货架看过去,他明白,自己的急躁和忽视质量,才是产生这些退货的根本原因。客户没有错,他们之间有订单有合同,客户不过是按照合同办事,既然产品有质量问题,既然交货不及时,客户完全有理由退货要求索赔。

就在李嘉诚考虑下一步应该怎么办的时候,原料商们也不约而同地跑来催账要钱。他们已经听说了长江塑胶厂频频遭遇退货、资金周转陷于困顿的事情,他们担心李嘉诚无力支撑长江塑胶厂,自己的原料费会打了水漂。

李嘉诚费尽口舌，拍着胸膛做保证，好不容易请求原料商再等几天，等收到货款后就立即把钱付给他们。原料商这才半信半疑地离开了。但从那天起，原料商们就总是派人前来长江塑胶厂坐守。

　　为了压缩工厂的开销，李嘉诚不得不裁减部分员工，他满怀愧疚地辞退一些技术不过关的工人，并承诺说长江塑胶厂一旦有了起色，一定会重新请他们回来工作。

　　有的人拿了最后的薪水就离开了，可有的人不甘心被辞退，就带着老婆孩子到长江塑胶厂的办公室找李嘉诚又哭又闹。而留下的那些员工，感到长江塑胶厂前景黯淡，人心惶惶，情绪低落，甚至有人已经暗中四处寻找新工作，以做准备。

　　对此，李嘉诚也都有所耳闻。他每夜都焦虑得睡不着觉，脾气也变得暴躁，动不动就会火冒三丈地训斥员工。眼看原本善良温和的老板就好像变了一个人似的，员工们的士气更加低沉，人心浮动。

　　这时，贷款给长江塑胶厂的银行得知长江塑胶厂陷入危机，也派职员来催贷款。

　　大笔的贷款压得李嘉诚喘不过气来，他恳求银行放宽一点期限，给自己周转的机会，可任凭李嘉诚怎样恳求，说尽好话，来要账的人还是团团围坐在长江塑胶厂的办公室里，寸步不离。恰逢一些新客户到长江塑胶厂考察，看到如此混乱不堪的局面，人家哪里还敢和李嘉诚签合同，马上扭头而去。

　　本来，他的厂还有一线生机，因为一些生意上的朋友向他订购了大量的货品，只要货一出厂，至少能够扭转工厂所面临的危机。重友情、讲义气的李嘉诚咬紧牙关，用账面所剩的最后一点尚未还息的贷款，千方百计地找原料商订购塑胶原料。

然而，就在李嘉诚熬过数个通宵，拖着疲惫的身体，带着拯救企业渡过难关的希望去找朋友们提货时，朋友们可能因国际市场突然有变，他们只考虑怎样确保自身利益，言而无信了。这些人不是再三推托，就是避而不见，或想方设法逃之夭夭。

朋友的违约失信，令工厂出现更严重的亏空，使李嘉诚感到愤慨到极点，也震撼到极点。

无论如何，这确实是他绝没有料想到的。这段时间，痛苦不堪的李嘉诚每天只知道睁着布满血丝的双眼，忙着应付不断上门催还贷款的银行职员；应付不断上门威逼他还清原料费的原料商；应付着不断上门连打带闹要求索赔的客户，以及拖家带口上门哭哭闹闹、寻死觅活的工人们。

而且，即使没有生意，还是有成打的订单不断地汹涌而来，疲惫不堪的李嘉诚只好以最低廉的价格卖掉一批批积压的货品。然而，每天等待他的只有坏消息，而且是一天比一天更坏的消息。

这段时期，除了身边几个骨干人员之外，有些员工干脆利用上班时间外出找工作或者帮短工。因为工厂亏损，即将倒闭的现象逐渐表面化。银行不但不给贷款，反而停止原来预定的贷款；原料商也不再提供原料。

此时，李嘉诚心里充溢着比冰更冷的绝望。李嘉诚又一次陷于人生的大磨难中。这之前，他经历的磨难是不可抗拒的天灾人祸；这一次，却是他自己的失误造成的。

突破危机，谋求转轨

工厂一蹶不振，李嘉诚像是进了鬼门关。

只要天一亮，工厂的大门前就会堵满了从各路杀到筲箕湾的债主。一个个怒气冲冲，见了李嘉诚不是拍桌子，就是摔板凳，什么话能够刺痛李嘉诚，他们就说什么。而李嘉诚必须赔着笑脸，即便面对凶悍无情的债主，即便面对难以入耳的斥责，他也必须笑脸相迎，好话说尽。

有人粗暴地打断李嘉诚，语带讥讽地挖苦，狠狠地揪住李嘉诚想打。可是，更多的债主都是通情达理的，他们已从李嘉诚的委婉陈述中理解了一个年轻人初出茅庐所遇的困境，他们更看出李嘉诚即便面对危境也仍然表现出与众不同的诚实。许多人都冲上去，紧紧护住李嘉诚，反而指责起那个要挥手打人的债主。

还有好心的债主上前劝阻各方，希望再给他一段时间。可是，香港银行派出的催款人一般都是铁面无私的。他们既不与李嘉诚吵骂，也不会揪住他的衣袖动粗，而是先把他们长江塑胶厂的仓库都贴上了封条，然后再把车间的大门封死，这才对李嘉诚说："鉴于贵厂目前的状况，只有两个办法可以允许你们继续留在筲箕湾，一是马上归还银行的所有欠款，二是要有实业家出具担保的手续。不然，你的长江塑胶厂从现在起就要归我们银行所有了！"

李嘉诚顿时惊呆了。

银行封厂使得他的精神支柱几乎在顷刻间坍塌。自从他的工厂生产出无法上市的废品以后，就如同有人在李嘉诚面前打开了一只隐藏无数毒箭的潘多拉魔盒，无数毒箭刹那间射向这位尚未读懂世态炎凉的年轻人，使得他简直无力抵挡了。

李嘉诚一个人徘徊在筲箕湾海边，居然产生了纵身一跳的冲动。到哪里去找担保人呢？在这种倒霉的时候，谁肯为他付出如此代价呢？舅舅找他找到了筲箕湾海边，这让李嘉诚很意外。

陷入绝望之中的李嘉诚没有想到，平时对他严厉有余、温和不足的老人，如今在他遭受灭顶之灾的时候，居然亲自赶到筲箕湾海边把他从死神手里拉了回来，更没想到他会对自己办的长江塑胶厂表明了肯定的态度。

庄静庵从怀里掏出一张签好字的单子，郑重地交给他说，银行已经同意马上解封。还款的时间，他们也做了一定的让步。李嘉诚这才了解到，原来舅舅几天来一直在为他的工厂生存到处奔波。想到舅舅不声不响为自己所做的一切，李嘉诚真想给他跪倒磕个响头，以表心中的感激。

一连几天，庄碧琴见儿子都打不起精神，这才知道长江塑胶

厂出了大事。她不懂经营,但懂得为人处世的常理。安慰一阵儿子后,她十分平静地给儿子讲了个故事:

"很早很早之前,潮州府城外的桑埔山有一座古寺。云寂和尚已是垂暮之年,他知道自己在世的日子不多了,就把他的两个弟子一寂、二寂召到方丈室,交两袋谷种给他们,要他们去播种插秧,到谷熟的季节再来见他,看谁收的谷子多,多者就可继承衣钵,做庙里住持。云寂和尚整日关在方丈室念经。到谷熟时,一寂挑了一担沉沉的谷子来见师父,而二寂却两手空空。云寂问二寂,二寂惭愧地说,他没有管好田,种谷没发芽。云寂便把袈裟和瓦钵交给二寂,指定他为未来的住持。一寂不服,师父说:'我给你俩的谷种都是煮过的。'"

李嘉诚悟出母亲话中的玄机:诚实是做人处世之本。李嘉诚为自己所做的事,流下悔恨的眼泪。翌日,李嘉诚回到厂里,召集员工开会,坦诚地承认自己经营错误,不仅拖垮了工厂,损害了工厂的信誉,还连累了员工。他向这些天被他无端训斥的员工赔礼道歉,并表示经营一有转机,被辞退的员工都可回来上班。从今往后,保证与员工同舟共济,决不损及员工的利益,而保全自己。

李嘉诚说了一番渡过难关、谋求发展的话之后,员工的不安情绪基本稳定下来,士气不再那么低落。紧接着,李嘉诚一一拜访银行、原料商、客户,向他们认错道歉,祈求原谅,并保证在放宽的期限内一定偿还欠款,对该赔偿的罚款,一定如数付账。

李嘉诚丝毫不隐瞒工厂面临的空前危机——随时都有倒闭的

可能，恳切地向对方请教拯救危机的对策。

李嘉诚的"负荆拜访"，达到了初步目的。他却不敢松一口气，银行、原料商和客户，只给了他十分有限的回旋余地，事态仍很严峻，产品积压，库满为患。

李嘉诚抽调员工，对积压产品普查之后归为两类：一类是有机会做正品推销出去的；一类是款式过时或质量粗劣的。李嘉诚如初做"行街仔"那样，马不停蹄到市区推销，将正品卖出一部分。

他不想被积压产品拖累太久，于是全部以极低廉的价格，卖给专营旧货次品的批发商，在制品的质检卡片上，一律盖上"次品"的标记。李嘉诚陆续收到货款，分头偿还了一部分债务。这时候，一种近在眼前的紧迫感，激励着困惑中愁眉不展的李嘉诚：稳定人心，以最快的速度重组一支干练的队伍，重新设计塑胶产品，继续研究新的发展方案……

李嘉诚的劳动没有白费，利润也超乎他的想象。只用了3个多月的时间，濒临倒闭的长江塑胶厂终于起死回生。李嘉诚把从前那些在困境期间被遣散回家的工人，都一个个请回厂来。他不但重新给他们安排了工作，而且还补发了停产期间的薪水。这些工人都感动得流出了眼泪。长江塑胶厂出现转机，产销渐入佳境。

从1954年冬天至1955年秋天，是李嘉诚长江塑胶厂冲出低谷的复苏时期。不过，对于李嘉诚来说，厂房还是从前那些陈旧的破厂房，机器还是从前那些破旧的机器，工人也还是从前那些来自香港社会底层的普通工友。所不同的是，所有人都改变了当初草率生产、急功近利的思想。特别是李嘉诚本人，在这5年里所经历的苦难、徘徊和怅惘，足够他反复回味并成为他倍加珍惜的精神财富。也是这些失败的挫折和磨难，让一个初出茅庐的年轻人变成熟了。

他的长江塑胶厂开始进入初创阶段的辉煌，产品由于物美价低，很快就在300多家互相竞争的塑胶厂中脱颖而出，成为香港塑胶产品市场中的佼佼者。也是这一年冬天到来的时候，李嘉诚在年终结账时才惊愕地发现，他的长江塑胶厂不但归还了包括香港两家银行在内的所有贷款，而且还有了可观的盈余。他再也不是从前为了借钱到处给人赔笑脸的求助者，而变成了真正意义上的"老板"。

长江塑胶厂生机焕发，订单如雪片飞来，工厂通宵达旦地生产，营业额呈几何级数增长。李嘉诚的信誉有口皆碑，银行不断放宽对他的贷款限额；原料商许可他赊购原料；客户乐意接受他的产品，派送大笔订单给他。

在春风得意时，李嘉诚的头脑异常冷静，他又开始思考"长江"的现状及未来。

李嘉诚敏锐地看到第二次世界大战之后，香港的转口贸易进入了鼎盛时期，而且各种制造业兴旺发达，已形成一种浩大的发展趋势。香港的塑胶制品在国际市场卖得很"火"，优势是廉价，因为香港的工资低廉，故而产品廉价。

长江塑胶厂从创办起，已是第七个年头，所生产的塑胶玩具和塑胶日用品，先后变化了几十款，可在当时国际已经趋于饱和状态的塑胶玩具市场中，仍难将企业从困境中带出来。因此，李嘉诚决定选择一个能救活企业、在国际市场中具有竞争力的产品，实现塑胶厂的"转轨"。

1957年的这个春节，李嘉诚过得很累，他头脑中的机器始终在想着"转轨"。从正月初三起，他就到香港几条主要街道上去转，几乎所有出售塑胶产品的商店他都走遍了，大家进货的品种都很相似。

让他欣慰的是，几乎所有商场都有他们的产品，长江塑胶厂生产的天蓝色水桶，甚至比10多年的老厂万和塑胶公司的产品还受欢迎。即便比万和公司还老的厂家，他们生产的同类产品也大多逊色于长江塑胶厂的产品。

那天傍晚，累了的李嘉诚来到湾仔一家专烧潮州菜的餐馆，在一张小桌前坐定，就在他等候侍应生取菜的过程中，无意中看到放在餐桌上的几本外国画报，就信手翻阅一本意大利画报，忽然眼睛一亮，他发现有一个栏目竟然是整整一版意大利最新塑胶制品的介绍。

李嘉诚大开眼界，发现彩色画册上登载的几乎都是五彩缤纷的塑料花！其中既有雪白的月季，也有鲜红的玫瑰，还有艳丽夺目的郁金香、马蹄莲、蝴蝶兰和各种碧绿的草本植物。

如果不是李嘉诚读了上面的英文简介，他甚至还误以为画册上的那些艳丽的花草都是一些真正的鲜花。李嘉诚读了说明才知道，所有的花草都是意大利某塑胶厂生产的最新产品。

敏锐的李嘉诚立刻想到了另一则消息，也是他从另一本英文杂志上看到的。消息说：欧美人生活节奏加快，许多家庭主妇正逐渐成为职业妇女，家务社会化的呼声越来越高。

这两条看似不搭界的消息，立刻在李嘉诚的脑海中电光火石般地接上了轨。他推想：欧美的家庭都喜爱在室内户外装饰花卉，但是快节奏的变化使人们无暇种植各种娇贵而美丽的花卉苗木。

再经细致了解，李嘉诚注意到，港九各大商店几乎都没有塑胶花，而随着生活水平的提高，人们越来越喜欢摆设。这是一个潜在的大市场，生产技术要求似乎也不高。何不利用塑胶花实现"转轨"呢？塑胶花和植物花相比，一则可节省许多时间；二则可以变幻无穷，而且正好迎合了生活的快节奏。

如果大量生产塑胶花，不但可以达到既价廉物美又美观大方的目的，而且还可以走出家庭，进入写字楼。

李嘉诚甚至立即判断，塑胶花的面市，将会引起塑胶市场的一场革命。李嘉诚更长远地看到，欧美人天性崇尚自然，塑胶花革命势必不会持久。因此，现在必须抢先占领塑胶花市场，否则就丧失机会。

李嘉诚从书店买来一本同样的意大利画册，拿到厂里几位技术员面前进行商议，希望能进行试制，不料，几乎所有人都对他摇头。

这种塑胶花是塑胶制品中最难制的尖端项目，它不仅要求先进的工艺，同时也要求超出一般普通塑胶制品的设备和原材料。当然，最重要的还是技术，没有技术，一切都无从说起。

李嘉诚遇上了障碍，他麾下的几位技术员也都是一些没有经过正规学校毕业的"土技工"，所以面对生产塑胶花这样在香港尚无先例的尖端产品，李嘉诚的技术智囊团显然力不从心。

不过，李嘉诚是一个不会轻易服输的人，只要认准了目标，就一定会不惜任何代价实现他的计划。

米兰是意大利的第二大城市，也是该国最大的工商业城市。画报上的几幅塑胶花，就是米兰维斯孔蒂塑胶厂生产的最新产品。塑胶花市场的辉煌前景，令他恨不能马上就掌握这门技术，开始批量生产、销售。所以，李嘉诚在四壁无门、求计不得的情况下，大胆决定到意大利米兰去学习。

米兰偷艺,香港热销

1957年春天,李嘉诚揣着希望和强烈的求知欲,登上飞往意大利的班机去考察。

经过两天的奔波,李嘉诚终于找到了维斯孔蒂塑胶厂。谁知厂家对新产品技术极为保守与戒备,李嘉诚就以香港经销商的身份造访了这家现代化工厂。

公司职员彬彬有礼地带李嘉诚进产品陈列室参观。李嘉诚一面拿花束在手中端详,一面询问有关塑胶花的知识。可是,当他提出要购买该厂生产的塑胶花工艺与设计图纸时,对方所提出的惊人天价——几百万美元的价格,着实把他吓了一跳。即使李嘉诚把他的工厂全部换成美金,也只够这笔费用的几十分之一!

本来,按计划李嘉诚两天后就要返港,可在购票时,他正好看到一张贴在购票窗口上方的福尔斯塑胶花有限公司的招工广告:凡满20岁的本土人或外国人均可报名,工种是勤杂人员和车间的上料工。可能当地报名者不多,所以允许持外国护照者也可报名。

　　李嘉诚考虑，反正香港他早已经安排好可靠的人员在主持工厂，倒不如趁机去报名，以外国打工者的身份进入工厂，等拿到一份完整的塑胶花生产工艺资料以后，马上回香港。

　　李嘉诚报名后才知道，这家公司原来是几天前他曾探访过的维斯孔蒂塑胶厂的分公司，专门生产新式的塑胶花朵。不久前，他在香港一家餐馆里的画册上所见到的那些艳丽无比的塑胶花，就是这家公司生产的。

　　为进这家塑胶公司应聘，李嘉诚特意从旧货市场上买了一套破旧的衣服、一双破旧的布鞋，浑身上下打扮成一个前来欧洲旅行的穷学生模样。应聘时，李嘉诚放下自己"老板"的身份，平和端正地同面试官交谈，未曾料想还是被面试官以护照不符公司要求为由，无情拒绝。

　　李嘉诚虽然对面试有心理准备，仍不免有些沮丧。当他既无奈，又恋恋不舍地走向工厂的大门时，正好被一位匆匆经过的女人看在眼里。李嘉诚遇事平和的态度，遭受挫折以后不卑不亢的气度，都让这位路过招聘室的中年女人产生了格外的好感。而她，正是这个公司的总经理。就这样，李嘉诚被留用当上了一名车间送料工。

　　福尔斯公司共有3个车间，分别是选料、定型和包装程序。让李嘉诚感到惊讶的是，这座生产塑胶花朵的公司就像它所从事的事业一样，偌大的厂区里几乎就像干净整洁的花园一样，厂区大道两旁栽满了各色艳丽的花，有专门管理卫生的工人在不停地洒水和清扫路上的堆积物，哪怕是一片树叶也不放过。

李嘉诚正是通过这些来判定这家企业的管理水平。他把眼前的情景与他在香港筲箕湾的长江塑胶厂相对比，意识到两者之间无法相比的差距。

李嘉诚进了选料车间。车间厂房宽大，四壁几乎都是巨型落地窗，明媚的阳光透过窗口投映进来，照亮了每一张选料桌子。工人们坐在那里工作，井然有序，其中，服饰艳丽的女工居多，间或也有几个男工在各桌前指导选料。

整个一间几千平方米的大车间在工作时鸦雀无声。李嘉诚首先从这里学到了厂风和厂纪。特别是车间四壁上张贴的宣传口号，更让李嘉诚为之心动："严明的厂规是保证产品质量的根本！""纪律和质量是公司的生命！""没有精良的质量，就没有广泛的信誉！""用户是上帝，是我们的衣食父母！"

最初的几天里，李嘉诚频繁出入的只能是选料车间，根本就接触不到塑胶花的生产过程。在经过选料桌时也只能走马观花，无法细察到女工如何选择塑胶花的原料。至于观看塑胶花的生产过程，那更是难上加难。

李嘉诚心里特别清楚，如若想在管理森严的福尔斯公司获得他渴望了解的制作塑胶花的工艺资料，绝不是一件容易的事情。首先他必须要有一定时间，同时还要在工人中间广交朋友。只有通过潜移默化的接触与交流，才可能逐渐获得一些有益的资料。作为一名管理者，如果脱离了一线群众，就不会了解真相。

这件事对于李嘉诚来说实在是不得已而为之，他也知道以自己端正的人品，是不该以这种特殊的方式求得塑胶花生产知识的。然而每当他想到自己前期在香港办厂所遇到的挫折时，心里就有一种强烈的压力。

他必须要把自己的长江塑胶厂办成在香港几百家同类工厂中的佼佼者,如果他想达到这一目标,就必须付出包括给外国公司打工的代价。他是绝对不可能在短期生产出独具特色的塑胶花的。而且,在众多同行业的激烈竞争中,想独树一帜,脱颖而出,谈何容易。

李嘉诚的诚恳态度和苦干精神很快赢得选料车间上下的一致好感。他开始可以在这大车间里自由走动,有时也可以悄悄地与那些女工们用英语进行交谈。

李嘉诚看到了各种原料的配比,这些看起来杂乱无章而实则颇有章法的原材料,从桌上的筛选到分门别类地装箱,直至运往下一个车间,其实内含着固定的原料配比。久而久之,他就凭着观察得到了原料比例的估算。李嘉诚看在眼里,记在心间。

一个月后,李嘉诚得以进入定型车间。这是福尔斯公司的核心车间,厂房并不比选料车间大,可是,内中的布局却更加有条理。车间正中是一座四周全然封闭的定型中心,里面有几台李嘉诚从没见过的新式机器。李嘉诚有时在车间外静静地观察着,心里也暗暗地记下了技工的操作手势和窍门。

当然,李嘉诚如果想学到意大利制造塑胶花的真正技术,仅靠这种远距离观望是不够的,还必须从那些技工口中得到一些相关的技术。他通过与车间工人交友的方式,在平时的闲谈中得到与塑胶花相关的经验。对于所有一切看似随意的只言片语,李嘉诚都牢记心中。

两个月时间倏忽而过,李嘉诚通过眼观耳听,大致悟出塑胶花制作配色的技术要领。

当年5月,李嘉诚回到了他的长江塑胶厂。随后立即把几个部门的负责人和技术骨干召集到他的办公室,将带来的样品展示给他们看,并郑重宣布:长江塑胶厂将以塑胶花为主攻方向,使其成为本厂的拳头产品。

李嘉诚重金聘请了几位国外的塑胶专家,和厂里原有的技术人员一起研究带回的样品和资料。李嘉诚要求他们将研究重点放在款式品种、花式组合、色彩调配这三点上。

李嘉诚要求设计人员设计出符合香港和国际大众喜好的全新花式。很快,设计人员就做出了许多不同色泽款式的"腊花样品"。李嘉诚亲自带着这些样品走访不同消费层次的家庭,询问他们的喜好以及能承受的心理价位,最后确定一批蜡花作为初期开发市场的产品。

塑胶专家和技术人员经过反复试验,攻克了调配颜色的难题,并保证了配色的稳定性。生产机器也得到了改造。历经一个多月没日没夜的辛苦努力,第一批塑胶花样品终于成功地试制出来,与意大利产的塑胶花比,这些花更加符合香港本土的欣赏品位。

在核算过成本之后,李嘉诚为塑胶花系列产品制定了一个适中的价格。

就在长江塑胶厂塑胶花上市的前两天,李嘉诚忽然获悉一个让他胆战心惊的信息:香港最有名气的英资百货公司连卡佛国际有限公司已与意大利的维斯孔蒂塑胶厂签订了首销塑胶花5000束的协议,并且要在该公司所有的连锁店里同时展销。

李嘉诚获悉此信后，马上在香港提前4天进行盛大展销，而且他确定的塑胶花将以中低档价格面世方案，肯定会马上显现出它特有的优势。

在李嘉诚塑胶花新产品隆重登场的当天，香港几家媒体同时发表新闻和报道，这其中虽然有褒有贬，可是，正由于香港传媒的推波助澜，才暗助了李嘉诚一臂之力。等到连卡佛的连锁店也随后推出意大利的原版塑胶花时，市场已经被长江塑胶厂占领了。况且意大利的塑胶花虽然质量较好，但它的价格十分昂贵，比长江塑胶厂的产品价格高了一半。

如此一来，香港所有各大商场、各大百货公司和所有连锁店，几乎家家都进长江塑胶厂的塑胶花朵。许多商店的玻璃窗里都摆满了五彩缤纷的塑胶花。

为了买断权益，有的经销商主动提出预付50%订金。每家经销商的销售网络皆不尽相同，李嘉诚尽可能避免重叠。很快，李嘉诚和他的长江塑胶厂名声大噪。而意大利进口的高档塑胶花居然在英资百货连锁店里被束之高阁，无人问津。

李嘉诚大获成功，所有一切均源于他当初因地制宜而拟定的"低价位，多销点"的经商之策，如果他不把价位走低，也许产品刚出厂便会遭到意大利产品的无情冲击。

眼看着塑胶花成为消费者的新宠，香港塑胶行业的同行们也按捺不住了。

不久，香港本地就冒出数家塑胶花生产工厂，正像人们不知李嘉诚如何获取塑胶花生产技术一样，李嘉诚也不清楚同业是如何掌握生产塑胶花"秘诀"的，大家纷纷生产价格低廉的塑胶花，企图在塑胶花市场中分得一杯羹。香港地面上雨后春笋般地冒出塑胶花厂，但其销量始终难以突破长江塑胶厂。

有些同行眼热之极，暗生嫉妒，为打击长江塑胶厂，竟派人专门跑到地处偏僻的长江塑胶厂偷偷拍摄照片，把破旧的长江塑胶厂厂房的照片刊登在报刊上，还配上文章说，生产塑胶花的长江塑胶厂就是这么一个破破烂烂的样子，生产出来的产品质量又怎能有保障呢？

可是，令他们大为难堪的是，这篇报道和照片却使得更多的人知道了长江塑胶厂，为李嘉诚做了免费广告，引来了更多的经销商主动上门和李嘉诚做生意。

李嘉诚意识到，这一次必须要将长江塑胶厂壮大扩展。他没有盲目地动用全部资金，而是在亲朋好友中筹借了一部分款项，用于租赁新厂房，添置新型生产设备。

在他赴意大利考察塑胶花的时候，他就对欧美国家的企业管理模式产生了极大的兴趣。趁现在扩张之机，李嘉诚决意将私家企业模式改变成他所看好的股份制企业。

1957年年底，李嘉诚宣布，将长江塑胶厂改名为长江工业有限公司。公司总部由新莆岗搬到北角，李嘉诚亲自担任董事长兼总经理。生产工厂分为两处，一处仍然生产塑胶玩具、塑胶用品；新扩建的厂房用于生产长江的重点产品塑胶花。

与此同时，李嘉诚开始着手引进欧美国家先进的企业管理经验，将之运用于长江工业有限公司的整体运营管理中。他甚至在员工大会上郑重地宣布说："从今以后，长江的产品，没有次品。"长江的员工们也谨记董事长的教导，将严把质量关贯彻到生产的每一道程序中，决不放一件不合格产品出厂。

长江工业有限公司的产品成为消费市场上最信得过的产品，销售额也与日俱增。正如李嘉诚所希望那样，长江渐渐成为香港塑胶行业中的龙头老大，其他塑胶厂均无法与之抗衡。

对于自己成功的秘诀，李嘉诚这样说：

曾经有人问69岁的日本"推销之神"原一平什么是推销的秘诀，他当场脱掉鞋袜，请提问者摸一摸他的脚板。

提问者摸了摸，十分惊讶地说："您脚底的老茧这么厚啊！"

原一平说："因为我走的路比别人多，跑得比别人勤。"

李嘉诚微笑着说："我没有资格让你来摸我的脚板，但可以告诉你，我脚底的老茧也很厚。"

李嘉诚总结说："我在创业初期，几乎百分之百不靠运气，而是靠工作、靠辛苦、靠工作能力赚钱。你必须对你的工作及事业有兴趣，要全身心地投入工作。"

化害为利、突破瓶颈

　　工厂有了恢复的迹象，也就到了该赚钱的时候了。李嘉诚不知疲倦，如同他的注塑机一样，日夜不停地工作。

　　有一天，李嘉诚正在与几名技术工人将设计出来的塑胶花进行调色、寻找新的配方时，一个工友神色不安地走过来报告说，有人在外面拍照，在搞反面宣传，扬言要整垮长江塑胶厂。

　　李嘉诚闻听此言，赶忙走出车间。有人用长镜头正对着他的厂房拍照。那些人见他走出来，连忙抓紧时机将他也摄入镜头。工人们十分气愤，一致要求拿下对方的照相机，李嘉诚却压抑着自己愤怒的情绪，平静地制止了工人们。

　　没过几天，秘书把一张《商报》送到了李嘉诚的办公桌前。李嘉诚拿过来一看，原来是有人发表文章攻击自己："且看长江工业有限公司的真面目！""他原来是西营盘一家茶楼的小伙计，喜欢跳槽的李嘉诚先是在当茶楼伙计，后来又跑到中南表店当了打杂的小厮。本来可以在舅舅办的表店里扎下根来，没想到一年不到,他再次跳槽到一家五金厂当推销员。这也不能让他安心就业,后来他发现塑胶业在香港走红,于是再从万和塑胶公司跳槽出来,成了现在长江工业有限公司的小老板……"

读了报上的文章,李嘉诚非但没有气恼,反而笑了一笑,对身边的秘书说:"他说得一点不差,我当年就是喜欢跳槽,这说明他真的了解我。如果我不跳槽的话,就不可能有我李嘉诚今天的长江工业有限公司嘛!"

李嘉诚再读下去,居然发现那人攻击他刚刚挂牌不久的长江工业有限公司,说:"他所谓的公司,不过就是一个大杂院。不但所有的厂房都是破烂陈旧的,就是生产塑胶花的设备,也没有一台是货真价实的,都是一些塑胶厂淘汰下来的废旧机器,被他买到手以后,修修补补,勉强维持生产。我们真为那些购买长江工业有限公司产品的顾客捏一把冷汗,他们根本不知道,像李嘉诚那样破破烂烂的厂房和家当,又怎么能够生产出敢与意大利名牌产品相抗衡的塑胶花呢?"

李嘉诚震怒,把手中的报纸拍在桌上。被人恶意攻击他视若性命的长江工业有限公司,这位性格温和的老板就再也无法容忍了。

他拍案而起,说:"不像话了!市场上的产品靠的是质量,靠的是信誉,如果有人不服气,可以通过自家产品在市场上进行比试。如果我李嘉诚的长江工业有限公司比不过质量,我情愿甘拜下风,甚至我还可以像前几年那样宣布停产休整。我不能服气的是,为什么一些无本事在市场打销量牌和质量牌的小人,居然暗中搞起了这种见不得人的把戏?真是岂有此理!"

第二天，李嘉诚亲自背上一口袋沉甸甸的塑胶花，带上秘书前往香港中环的这家报馆。

接待他的是报纸主编，李嘉诚把口袋里的塑胶花一股脑地倾在桌上，说："总编先生，前几天贵报发表的文章，我很有兴趣，所以才把我的产品也带到这儿来请总编和各位编辑先生过目。报纸可以报道任何一家工厂的正面和反面，可是我认为，办报纸关键还在于两个字：真实！所以，我很希望各位全面了解一下我的长江工业有限公司。"

总编的脸顿时红了，他捧着那些五彩缤纷的塑胶花，口中不禁啧啧称奇："我也没有想到，李先生的长江工业有限公司会生产出如此精致漂亮的塑胶花。莫非有人说李先生的厂房设备陈旧是毫无根据的空穴来风吗？"

"不，他说的厂房和设备，确实没有说假话。问题在于这些简陋的设备和厂房，是否一定会生产出虚假质劣的塑胶花？"李嘉诚是一个不善言辞的人，这次他虽然心里气愤，但说起话来仍然有板有眼。他不卑不亢地说：

"我想向贵报建议的是，既然报纸是为香港市民服务的，那么我就希望贵报到我的长江工业有限公司去采访一下，把我的公司厂房如何、设备如何，再把我们公司的产品质量究竟如何，都做一次全面真实的介绍。只有这样才是公平的。"

总编见李嘉诚说话诚恳，态度真挚，再联想到前几天那篇文章已经遭到一些了解长江工业有限公司的读者投诉，越加感到自己的底气不足。于是他马上表示："好吧，李先生，我们马上派记者去你的长江工业有限公司，然后如实向公众介绍贵公司的经营状况。"

后来，香港《商报》果然派出记者来到筲箕湾-李嘉诚的长江工业有限公司，用他们的相机一连拍摄了几卷照片，把所有陈旧的厂房和落后的设备的图片，都一一刊发在他们的报纸上，同时也配发几幅塑胶花产品的图片。

两相进行对照，一边是比较陈旧简陋的厂房，一边则是可与世界先进塑胶花媲美的优质产品，同时又加上了一条全新醒目的通栏标题：

> 请看李嘉诚创造的奇迹——
> 简陋的厂房设备，优质超群的产品，当今香港工业之翘楚的诞生。

记者还写道：

> 李嘉诚在筲箕湾的公司确实十分简陋，设备也无法与先进工厂的新式机器同日而语。可是，值得读者们先睹为快并为之敬佩的是，李嘉诚在这简陋的条件下生产的优质塑胶花，几乎可与国外最为先进的米兰塑胶产品媲美。这就是李嘉诚的奇迹，长江工业有限公司的奇迹，也是我们香港的奇迹！
> ……

《商报》上的图片和新闻，无疑起到了普通商品广告难以起到的宣传作用。

通过这一宣传，对长江工业有限公司还不熟悉的人们都开始对李嘉诚产生了浓厚的兴趣。那些眼红李嘉诚的同行们，本想利用报纸抹黑李嘉诚的企图，非但没奏效，反而成全了李嘉诚，使他的产品越加走俏，而李嘉诚本人的名气也因此与日俱增。

20世纪50年代中期，李嘉诚的企业"转轨"成功，并逐渐摆脱困境，但他并非就此脱离困境，也仅仅只是化亏损为略有盈利而已。资金不足，即使眼光看得再准，再有赚钱的可能，李嘉诚也无法进行企业的扩大再生产。

世界最大的市场在欧美，约占世界消费量的一半以上。李嘉诚无时不渴望将产品打入欧美市场。当时，进入欧美市场，只有通过本港的洋行。李嘉诚也接受过不少本地洋行的订单，但他不大满意这种间接交易的方式。

一家洋行提出包销长江工业有限公司的塑胶花，李嘉诚却谢绝了对方的"好意"。他清楚地意识到，如果接受了对方的包销条件，就得被对方牵着鼻子走，价格、产量得由对方说了算。

境外的批发商，也希望绕过香港洋行这个中间环节，直接与香港的厂家做生意，这对双方都大有好处。

李嘉诚得悉这个消息，马上驱车去跟外商直接洽谈，给他们看样品，签订合同。绕过中间环节，双方都得到价格上的实惠。李嘉诚不惜重金网罗全港最优秀的塑胶人才，不断地推出新样品。

可是，因为资金有限，设备不足，严重地阻碍生产规模的扩大。该如何突破"瓶颈"呢？像长江这样的小公司，不敢奢望获得银行的大笔贷款。

正当李嘉诚预感到资金问题会给他的企业带来新的危机的时候，有位欧洲的批发商来同李嘉诚洽谈业务。他对长江工业有限公司的塑胶花赞不绝口，他要求参观长江工业有限公司的工厂。他对能在这样简陋的工厂生产出这么漂亮的塑胶花，感到很惊奇。在参观了李嘉诚的企业后，外商坦率地告诉李嘉诚，要取得他的订单，必须要有实力雄厚的企业或商贾为他担保。

此时的香港处于一个激烈竞争的时期，人人都渴望有足够资金去扩大生产。找谁担保呢？那个时期，曾在危难时倾其全力帮助他的舅父庄静庵，为取得瑞士乐都表的经销权，也面临着资金短缺的危机。李嘉诚实在找不到能够给他提供资金担保的人。

第二天，在香港一家酒店里，李嘉诚沉着地拿出9款样品，默默地放在批发商面前。李嘉诚的内心太想做成这笔交易了。该批发商的销售网遍及欧洲最主要的市场。李嘉诚未能找到担保人，还能说什么呢？他和设计师通宵达旦，连夜赶出9款样品，期望能以样品打动批发商。

拿着样品，批发商全神贯注，足足看了10多分钟，尤其对那串紫红色葡萄爱不释手。批发商的目光落在李嘉诚熬得通红的双眼上，猜想这个年轻人大概通宵未眠。他太满意这些样品了；同时更欣赏这年轻人的办事作风及效率，不到一天时间，就拿出9款别具一格的极佳样品。

他记得，他当时只表露出想订购3种产品的意向，结果，李先生每一种产品都设计了3款样品。

接下来，谈生意。李嘉诚深深地吸了一口气，"我一定要以最大的努力，赢取这种机会。"但谈生意就必须要出具担保人亲笔签字的信誉担保书。

精明的李嘉诚看准了这次巨大而稳定的薄利多销的机会，他敏感地预测到如果能够从这位订货商那里拿到生产订单，长江将因此脱离困境，而且还可以在香港塑胶界树立起强大的实力地位。

面对这位年过半百的订货商，李嘉诚郑重地说道："现在，我不得不遗憾地告诉你，我暂时没法找到替我提供资金并担保的厂家，但这也正是我要做的。

"就我个人而言，我十分希望能在这次接到你的订单，以后能长期合作。长江虽然目前没有取得资金担保，但我们一旦合作，可以为你提供全香港最优惠的价钱、最好的质量，并保证按期完成。当然，我会理解并尊重你的决定的。这些塑胶花样品，如果你觉得满意，我愿意送给你，只希望能有机会跟你合作。"

李嘉诚的诚恳执着，深深打动了批发商，直至李嘉诚结束他的这番话时，这位订货商还以十分惊讶然而又十分欣赏的目光注视着面前这个为了取得他的订单，在一夜之间主持设计出9种款式塑胶花，以供他挑选的中青年企业家。他被这位年轻人为争取机会的执着和吃苦耐劳的拼搏精神而感动，这是他半辈子经商生涯中所未曾见过的。他决定和这位年轻人长期合作。

订货商高兴得一时间几乎忘记了生意人之间的竞争关系，竟情不自禁地握着李嘉诚的手连声说："了不起！年轻人，我同意跟你合作，你会干好的！我知道你最担心的是担保人，但我坦诚地告诉你，你不必为此事担心，我已经为你找好了一个担保人。"

李嘉诚愣住：对方给我找了担保人？

批发商微笑道："这个担保人就是你。你的真诚和信用，就是最好的担保。"

谈判在轻松的气氛中进行，不仅签订了这次和接下来的长期合约，而且批发商还提前交付了货款，以弥补生产期间长江塑胶厂的资金不足。这一次，是批发商主动提出一次付清，可见他对李嘉诚信誉及产品质量的充分信任。信誉是生存和发展的法宝。

经过这次本无希望但最终如愿以偿的合作，并在香港塑胶企业内有了强劲的竞争实力，使李嘉诚清醒地认识到对于一个即使是身处逆境但决意要抓住机会的人来说，不管面临着什么样艰难险阻，不管命运的扁舟驶向哪方，只要有信心、决心、执着的诚意，机会的大门将永远为这些心怀抱负、希望有所作为的人们而敞开。李嘉诚对此笃信不移。

长江工业有限公司的塑胶花牢牢占领了欧洲市场，营业额及利润成倍增长。1958年，长江营业额达1000多万港元，纯利100多万港元。塑胶花为李嘉诚赢得平生的第一桶金，也赢得了"塑胶花大王"的称号。

挺进地产，高潮崛起

1958年，在获得"塑胶花大王"美称的同时，李嘉诚从海外杂志了解到，在欧美，有的家庭已把塑胶花扫地出门，种植真花。而香港市场，因欧美市场萎缩与本港生产过滥，已出现过几次塑胶花积压。

经过一番调查与考量，李嘉诚决定未雨绸缪，让其自兴自衰。

很快，李嘉诚就以独到的慧眼，洞察到地产的巨大潜质和广阔前景。最明显的现象，是香港人口的猛增和经济的持续发展，住宅、办公写字楼、商业铺位、工业厂房等的需求量也不断增多。

加上香港工业化进程急速，物业商趁势提租，许多物业商只肯签短期租约，用房续租时，业主又大幅加租。用户苦不堪言，李嘉诚也备受其苦，多次谋划置地建房，以摆脱物业的摆布。

经长时间的酝酿，三十而立的李嘉诚涉足房地产，并在长江工业有限公司内设地产部和塑胶部，便于两者利害兼顾，集中发展。李嘉诚先在繁盛北角购地兴建一座12层的工业大厦。1960年，他又在新兴工业区港岛东北角的柴湾兴建工业大厦。两座大厦的面积，共计12万平方米。

李嘉诚最欣赏本港最大的地产商英资置地公司的保守做法，重点放在收租物业。置地经过半个多世纪的发展，一直雄踞中区"地王"宝座，拥有大量大厦物业。

在李嘉诚看来，只要物业在，就是永久受益的聚宝盆。因此，李嘉诚宁可少建或不建，也不加速建房进度；他尽量不向银行抵押贷款，不向银行做按揭，资金回笼虽缓慢，但他特别看好地价、楼价及租金飙升的总趋势。地升楼贵，物业增值，李嘉诚坐享其利。由此，他拥有了大批物业，储备了大量土地，渐渐成为香港最大地主。

1961年6月，潮籍银行家廖宝珊的廖创兴银行发生挤提风潮，廖宝珊脑出血猝亡。廖氏是潮商中的成功人士，深得商界新秀李嘉诚的尊敬。

从廖宝珊身上，李嘉诚进一步意识到地产与银行业的风险。但廖创兴银行挤提事件，并未引起地产、银行界人士的足够重视。

1962年，香港政府修改建筑条例并公布1966年实施。地皮拥有者，为了避免新条例实施后吃亏，都赶在1966年之前建房。

这股建房热潮是在银行的积极资助下掀起的，银行不仅提供按揭，自己也直接投资房地产。炒风空前炽热，职业炒家应运而生。他们看准地价、楼价日涨夜升的畸形旺市，以小搏大，只要付得起首期地价、楼价，就可大炒特炒，趁高脱手。

大客炒地，小客炒楼（花）。大客大都是地产商，甚至还有银行家；小客多是炒金炒股的黄牛党。在这股风起云涌的炒风中，李嘉诚拥有的工业大厦完全是自筹自有资金建造。

公司下属的塑胶部经营状况良好，盈利可观。地产部已由开始的纯投资转为投资效益期，随着新厂的不断竣工出租，租金源源不断呈几何级数涌来。

1965年1月，香港小银行明德银号发生挤提，宣告破产。挤提风潮迅速蔓延到一系列银行，连实力雄厚的恒生银行也陷于危机之中，不得不出卖股权于汇丰银行以免遭破产。

在银行危机的剧烈震荡下，地价、楼价暴跌，靠银行输血支撑的地产商、建筑商纷纷破产。在这次危机中，长江的损失微乎其微，只是部分厂房碰到租期届满，续租时降低租金。"保守"的李嘉诚在地产低潮中稳步拓展。

香港战后最大的地产危机，一直延续至1969年。大规模移民潮虽渐息，而移居海外的业主，仍急于把未脱手的住宅、商店、酒店、厂房贱价卖出去。李嘉诚认为这是拓展的最好时机，他把塑胶的赢利和物业的收入积攒下来；他将买下的旧房翻新出租；又利用地产低潮，建筑费低廉的良机，在地盘上兴建物业。

1971年6月，李嘉诚成立长江地产有限公司，集中物力、财力、精力发展房地产业。在第一次公司高层会议上，李嘉诚踌躇满志地提出：要以置地公司为奋斗目标，不仅要学习置地公司的成功经验，还要超过置地公司的规模。

香港置地有限公司是1889年由英商保罗·遮打与洋行杰姆·

凯瑟克合资创办的，当时注册资本为500万港元，为全港最大的公司，位于全球三大地产公司之列，在香港处于绝对霸主地位。

除地产外，置地公司还兼营酒店餐饮、食品销售，业务基地以香港为重点，辐射亚太14个国家和地区。因此，当时的长江，远不可与置地公司相提并论。

李嘉诚在现有的地盘上大兴土木，大力发展地产业。还未等房子建完，就有租户上门求租。获得租金后，他又继续投入兴建楼宇。在这样的良性循环之下，李嘉诚的资金涨幅很大。但他仍觉得发展太慢，深感资金不足。

李嘉诚认为快捷而有效的途径，就是像置地公司那样，将公司上市，使之成为公众持股的有限公司，利用股市大规模筹集社会游散资金。李嘉诚的这一构想，既是公司自身发展形势所迫，又是香港股市发生的巨大变化所诱。香港股市对众多欲上市的华资企业来说是可望而不可即的。

因为香港会上市条件的苛刻，不少具备条件的华资大企业被长期拒之门外。没有华人投资者入市，股市就少了相当大的一部分力量，股市萧条也就是顺理成章的事了。

为了打破香港会的垄断地位，由香港华人李福兆为首的华人财经人士组成的远东交易所于1969年12月17日开始营业。

远东会充分为广大投资者考虑，放宽了公司上市条件，交易允许使用广东话，开辟了香港证券业的新纪元。时值内地政治趋于安定，香港经济大动荡后恢复并开始起飞，有待筹资的企业纷纷触发上市的需求。

1970年，远东会的成交额高达29亿元，占当时香港股市总成交额的49%。其后，金钱证券交易所、九龙证券交易所相继成立，加上原有的香港会、远东会，形成香港股市"四会"并存的格局。

公司上市变得容易，股市成交活跃，恒生指数攀升到1971年年底收市的341点。低迷多年的香港股市大牛，一派兴旺。

李嘉诚正是在这种大背景下，萌发并筹划将长江上市。长江实业上市时，拥有收租物业约35万平方米，年租纯利390万港元，发展物业7项正兴建或拟建，基保独资拥有的地盘3个，合资共有的地盘4个。上市时将25%股份公开发售，集得资金3150万港元。

这笔巨资，加速了长实的物业建设。与其他地产商合资发展的楼宇，均做出售；独资兴建的楼宇，做收租物业。

1972年，上市短短几年时间，长实在地盘物业面积这点上，开始直逼置地公司。

1973年，长实又发行新股110万股，筹得1590万港元，收购了"泰伟有限公司"。当时传媒及业界，把1972年上市的新鸿基地产、合和实业、长江实业、恒隆地产、新世界发展等华资地产公司，称为"华资地产五虎将"。

上市前后，长江实业的实力及声誉在五虎将中并不突出。论入行资历，长实不如新世界和恒隆，新世界的郑裕彤、恒隆的陈曾熙都是早期涉足地产的；论专业资格，李嘉诚比不上陈曾熙和合和的胡应湘；论实力，长实都比不上另四虎。长实虽然略逊于四虎将，从20世纪70年代后期起，却迅速从五虎将成员中脱颖而出，至20世纪80年代中期成为五虎将中的虎帅。

时至今日,"长实系"仍是香港首席财阀。另外四虎将都不是等闲之辈,从 20 世纪 90 年代初起,个人资产先后荣登百亿超级巨富之列。曾有记者问李嘉诚是否以长实与另四虎将竞争。

李嘉诚答道:"我好像从未想过这个问题。我想的是与置地竞争,赶超置地。"

至 20 世纪 80 年代,李嘉诚已实现赶超置地的目标。如果李嘉诚不将长实上市,未充分借助股市的作用,是不可能在较短的时期内赶超置地的。

1973 年的大股灾,一直延续至 1974 年年底才有所回升,原因是世界性经济衰退,本港股灾使不少地产商和投资者受损,造成地产低潮。"股拉地扯",成为 20 世纪 70 年代后香港经济的独特现象。

1974 年 5 月,长实与实业信誉卓著的加拿大帝国商业银行合作,成立怡东财务有限公司,实收资本 5000 万港元,双方各出 2500 万港元现金,各占 50% 权益。李嘉诚任这个公司的董事兼总经理。当年年底,长实发行 1700 万股新股票,用以购买都市地产投资有限公司 50% 股权。所换两座商业大厦,租金收入每年达 800 万至 900 万港元。

这家合股公司的成立,为长实引进外来资金,又为今后长实拓展海外业务,铺路搭桥。

1974 年 6 月,由于加拿大帝国商业银行的力促,长实股票在加拿大温哥华上市。

长实能如此顺利地与加拿大银行界建立伙伴关系,得助于李嘉诚从事塑胶花产销时与北美贸易公司建立的信誉。

加拿大帝国商业银行,正是这间公司的往来银行。

据说,1974到1975年间,李嘉诚两次发行新股集资约1.8亿港元。

1975年3月27日,李嘉诚又成功购入地皮、楼宇等逾10多处之多。在接下来的日子里,在地产高潮中崛起的李嘉诚,运用他的迂回、包抄的战术,统率他的长江,充分利用地产发展最有利的合资经营形式,找到那些手中持有大量土地却没有开发经验的公司,用高于市场价的固定地价进行收购。

20世纪70年代初,李嘉诚已拥有的收租物业,从最初的12万平方米发展至35万平方米,每年租金收入为390万港元。而当时,还是有不少朋友为李嘉诚的"冒险行动"捏一把汗;有些地产商甚至还等着看李嘉诚的笑话。

李嘉诚又一次判断正确。大陆的改革开放,使香港地产市道转旺,李嘉诚最终成为了这场地产大灾难中的大赢家。这一年,长江工业有限公司仅租金收入一项就高达2192万港元,是上市前年租金收入的54倍。

击败置地，重建华人行

在李嘉诚创业的辉煌生涯中，1977年是最让他难以忘怀的一年。在这一年里，李嘉诚以主动出击、全力进取的方式，打胜了两次轰动香港的战役。而且一次比一次精彩，一次比一次漂亮，以至于作为上市公司长江实业（集团）有限公司的董事局主席兼总经理的李嘉诚，成为全港上至总督下至普通市民茶余饭后街谈巷议的焦点人物。

1977年4月，李嘉诚投资2.3亿港元，收购了美国财团控制的在香港的永高公司，成为全资拥有。永高公司拥有香港心脏地带的中环银行区的部分物业，还拥有在港的希尔顿大酒店和在印尼巴厘岛的凯悦大酒店。同时李嘉诚还收购了在铜锣湾的虎豹别墅等大型物业。

关于在中区的地铁中环站和金钟站上盖兴建权的争夺，李嘉诚明白，简直如同虎口夺食。因为位于香港中区的地铁中环站和金钟站，是香港中区最繁华的地段，也是世界上最值钱的地皮之一。香港工务局的集体运输研究部曾对这段地皮估价，约值2.43亿港元。

如果能够夺得这块有"地王"之称的地皮并在此成功地开发物业的话，不仅能够带来丰厚的利润，而且夺标公司还可由此增强信誉而名声大振，为公司日后的发展打下信心与实力兼备的良好基础。这一切，对于注重公司信誉、质量兼备的李嘉诚来说，具有多么巨大的诱惑力是可想而知的。

早在1976年，李嘉诚就获悉香港地铁公司为购得中区邮政总局旧址地皮，曾与香港政府磋商多次，希望用部分香港地铁公司的股票、部分现金支付，但是港府坚持全部用现金来支付购买。

这样一来，参与邮政总局旧址开发权的竞投也利用全额现金支付将是决定胜负的一个关键条件。于是既精通经营之道又精通金融之道的李嘉诚，再次利用出售楼宇和发行新股的方式，集资数亿港元现金，打算全力出击。

针对当时地铁公司因为高额贷款筹集现金购地而急需现金尽快回流的具体情况，李嘉诚提出一个将两个地盘设计成一流的商业中心和写字楼相结合的综合型商业大厦的计划。而且李嘉诚还相继抛出了另外两个诱饵，一是为满足香港地铁公司的急需现金的要求，长江实业主动提出提供现金做建筑费；二是将商业大厦出售后的利益由地铁公司和长江实业共同分享，并且打破平时各5成的常规，由地铁公司占51%，长江实业则占49%。

1977年1月14日，香港地铁公司正式宣布，中环邮政总局旧址公开接受招标竞投。在竞投初期，各地产公司及财团之间的竞争非常激烈，甚至彼此都采取不动声色、外弛内张的战略。

3月下旬,名噪一时的置地稳操胜券的消息已开始动摇,外面再度传闻由接近港府决策人士透露,与香港置地竞逐的长江实业已取得优势。

这次地王公开招标竞投,香港地下铁路公司先后收到30个财团以及地产公司的申请投标,竞投数目竟超过1976年8月九龙湾地段的竞投数目一倍之多。

1977年3月上旬,素有"地产王"之称的置地公司,曾经一度被认为是最有可能最后夺标的公司,似乎这项发展权应该是非置地莫属了。

消息传至长实,马上有人悲观失望地劝李嘉诚退出竞标,李嘉诚听后,淡淡一笑:"传说总归是传说,到底鹿死谁手现在尚无定论。"

既然长实参与竞投,就必须与置地这个庞然大物对峙。传媒众口一词,置地志在必得。但李嘉诚分析,置地会不会"大意失荆州"呢?

置地创始人之一的凯瑟克家族是怡和集团的第一大股东,而且力主把发展重点放到港外,势必分散置地坐镇香港抉择的精力。这是置地的薄弱处,但人们却往往只看到他的"貌似强大"。置地一贯坐大,也习惯于坐大。过于自负的置地未必就会冷静地研究合作方、迎合合作方。

香港地铁公司是一个直属港府的公办公司,并不像过去内地的国有企业一切都由政府包揽包办,除少许政府特许的专利和优惠外,它的资金筹集、设计施工、营运经营,都得按商场的通常法则进行。

据地下铁路公司透露，主要原因是长江所提交的建议书内列举之条件，异常优厚而具有吸引力，终能脱颖而出，独得与地铁公司经营该地的发展权。

4月4日，地铁公司董事局主席唐信与长江实业李嘉诚首先签订在中环站上建发展物业协议，金钟站上建发展物业的协议则由日后商议签订。李嘉诚终于力挫多家竞争对手，特别是香港地产界巨子香港置地有限公司，被人们赞誉为是"长江实业扩张发展中的重要里程碑"。

从此，李嘉诚和长实在香港企业界中名声更响，声誉与日俱增。李嘉诚一举夺得中区地铁车站上盖发展权后，长实与香港第一财团汇丰银行1978年携手合作，重建华人行。

说起汇丰，港人无人不晓。汇丰的中文全称是香港上海汇丰银行，创设于1864年，由英国、美国、德国、丹麦和犹太人的洋行出资组成，次年正式开业；后因各股东意见不合，相继退出，成为一家英资银行。

汇丰是一家公众持股、在港注册的上市公司，1988年股东为19万人，约占香港人口的3%，是香港所有权最分散的上市公司。汇丰一直奉行所有权与管理权分离，管理权一直操纵在英籍董事长手中。

当时的汇丰集团董事局常务副主席为沈弼，李嘉诚寻求与汇丰合作发展华人行大厦，正是与沈弼接洽的，两人还由此建立了友谊。

香港经济界的人常说："谁结识了汇丰大班，就高攀了财神爷。"沈弼平素与李嘉诚已有一些友谊，话语相投，又有一些共同爱好。及至华人行改建完成，沈弼更视之为"香港工作效率的象征"。李嘉诚由此而备受沈弼的敬重。

汇丰是香港第一大银行，又是以香港为基地的庞大的国际性金融集团。汇丰的声誉，不仅仅限于其强大的资金实力，它在香港充当了准中央银行的角色，拥有港府特许的发钞权。在数次银行挤提危机中，汇丰不但未受波及，还扮演了"救市"的"白衣骑士"。

一个多世纪来，经汇丰扶植而成殷商巨富的人不计其数。20世纪60年代起，刚入航运界不久的包玉刚，靠汇丰银行提供的无限额贷款，而成为著称于世的一代船王；现在，李嘉诚取得汇丰银行的信任，与其建立了合作关系，未来极有可能在汇丰的鼎力资助下，成为香港地王。

李嘉诚与汇丰合作发展旧华人行地盘，业界莫不惊奇李嘉诚"高超的外交手腕"。其实，熟悉李嘉诚的人知道，言行较为拘谨的李嘉诚，绝不像一位谈锋犀利、能言善道的外交家，也不像那种巧舌如簧、精明善变的商场老手，他像一位从书斋里走出来的中年学者。

李嘉诚靠的是一贯奉行的"诚实"，以及多年建立的"信誉"。尤其是地铁车站上盖发展权一役，使他名声大振，信誉猛增。所有这些，就是他与汇丰合作的基础。

据说，在20世纪初，港岛中环是洋行的天下，华商想跻身中环无立锥之地。当时有一位地产商在皇后大道中兴建一座商业办公综合楼，楼建成后，华人竞相入伙承租。洋人一贯自以为高人一等，不屑与华人同楼栖身，已付订金的洋人纷纷退租。于是此大楼便成为华人的"独立王国",大楼名称便改叫"华人行"。

不少华人从华人行发迹。其中,最具影响之一的事是,有香港股坛教父之称的李福兆,于1963年与友人在此密商成立与香港会抗衡的证券交易所,秘密安装150条电话线至华人行,并于1969年年底宣告远东交易所开业。

1974年,汇丰银行购得华人行产权。因年代久远,其建筑已十分陈旧;更因为华人行位于高楼林立的中环银行区,原来的华人行大楼已日益变成小矮人。1976年,汇丰开始拆卸旧华人行,清出地盘,用于发展新的出租物业。

在地产高潮,位于黄金地段的物业,加之华人行在华人中的巨大声誉,华资地产商莫不想参与合作。李嘉诚便是其中之一,他稳操胜券,果然如愿以偿。是长实中标获取中区地铁车站上盖发展权,才使得"高高在上"的汇丰大班沈弼关注起地产"新人"李嘉诚来。他仔细研究了李嘉诚合作的意向材料,拍板确定长实为合作伙伴。此时,距李嘉诚中标地铁上盖不满一个月。

长实与汇丰合组华豪有限公司,以最快的速度重建华人行综合商业大厦。大厦面积24万平方米,楼高22层;外墙用不锈钢和随天气变换深浅颜色的玻璃构成;室内气温、湿度、灯光,以及防火设施等,全由电脑控制;内部装修豪华典雅,集民族风格与现代气息于一体。整个工程耗资2.5亿港元,写字楼与商业铺位全部租出去。

1978年4月25日,汇丰银行大班沈弼在出席华人行隆重的正式启用典礼时,剪彩并发表讲话说:"旧华人行拆卸后仅两年多一点时间便兴建新的华人行大厦。这样的建筑速度及效率不仅在香港，在世界也堪称典范。"

长实与汇丰，都是本工程的开发商，故而沈弼不便"自我吹嘘"。他对新华人行的赞誉，也就是对李嘉诚的赞誉。

李嘉诚当然了解汇丰银行在香港经济中的地位，同时也看到日后长江实业的发展壮大是离不开汇丰银行的配合与支持的。通过这次合作，李嘉诚与汇丰银行的关系密切了。这是一次决定日后成功的一步，它不仅为李嘉诚的财团日后在香港乃至海外的发展奠定了稳固的经济基础，而且，也由此更加提高了李嘉诚在人们心目中的声誉和地位。

长江集团总部3月23日迁入皇后大道中29号新华人行大厦。长江正式立足大银行、大公司林立的中环，李嘉诚与汇丰合作的良好开端也发展为未来的"蜜月"——汇丰力助长实收购英资洋行，并于1985年邀请李嘉诚担任汇丰的非执行董事。

在这一年里，李嘉诚大开华资吞并外资之先河，成为令香港英资及外资惊诧不已、中资兴奋不已、华资自豪不已的热门话题。

曾有记者询问他与地铁公司、汇丰银行合作成功的奥秘，李嘉诚说："奥秘实在谈不上，我想重要的是首先得顾及对方的利益，不可为自己斤斤计较。对方无利，自己也就无利。要舍得让利使对方得利，这样，最终会为自己带来较大的利益。我母亲从小就教育我不要占小便宜，否则就没有朋友，我想经商的道理也该是这样。"

以退为进，智取和黄

李嘉诚有了实力后，九龙仓引起他的注意。

九龙仓是香港最大的货运港，拥有深水码头、露天货场、货运仓库等。可以说，谁拥有九龙仓，谁就掌握了香港大部分的货物装卸、储运及过海轮渡。九龙仓的母公司怡和与和记黄埔、太古集团、会德丰并称为香港四大洋行，九龙仓在怡和的地位非常高。

怡和位列四大洋行之首，怡和大班同时又兼任九龙仓主席。九龙仓日益成为香港的旅游商业区，但在经营方式上却不足称道，他们固守用自有资产兴建楼宇，只租不售，造成资金回流滞缓，使集团陷入财政危机。为解危机，大量出售债券套取现金，又使得集团债台高筑，信誉下降，股票贬值。

李嘉诚看好九龙仓股票，在他算来，九龙仓处于九龙最繁华的黄金地段，即使以高于时价的5倍价钱买下九龙仓股也很合算。基于这种考虑，李嘉诚不动声色，买下约2000万股散户持有的九龙仓股。

这个数目，无论对李嘉诚还是对怡和，都是一个敏感而关键的界限。九龙仓与置地在控股结构上并非平等关系。怡和控置地，置地控九龙仓，置地拥有九龙仓不到20%的股权。所以说，目前九龙仓的最大股东将不是怡和，而是李嘉诚。这为李嘉诚进而购得九龙仓，与怡和在股市公开较量，铺平了道路。

1978年3月，九龙仓股急速蹿到每股46元的历史最高水平。这已和九龙仓股每股实际估值相当接近了。加之各大财团蜂拥而来，九龙仓股票水涨船高，只升不降。九龙仓集团顿时慌了手脚，在紧急部署反收购行动之后，也到市面上高价抢购散户持有的九龙仓股票。

香港有老话："怡和的面子，太古的银纸。""未有香港，先有怡和。"在香港经济中占有举足轻重地位的英资怡和财团，岂会俯首让华资财团骑在头上。怡和财团只好求助于英资财团的大靠山汇丰银行。

汇丰大班沈弼亲自出马斡旋，奉劝李嘉诚放弃收购九龙仓。李嘉诚审时度势，认为不宜同时树怡和、汇丰两个强敌，遂答应沈弼不再收购。不久，包玉刚加入了进来。那时，李嘉诚论实力和声誉，都无法与之相比。

据1977年吉普逊船舶经纪公司的记录，世界十大船王排座次，香港占两席，包玉刚以船运载重总额1347万吨稳居首位。包玉刚预测，随着世界对中东石油的依赖减少，20世纪70年代后期，越来越多的油轮将闲置。因而，包氏决定减船登陆，套取现金投资新产业，他瞄准的产业是香港百业中前景最诱人的房地产。而在华人商界，只有包玉刚有实力跟怡和相抗衡。

李嘉诚权衡得失，决定把球踢给包玉刚，预料包玉刚得球后会奋力射门：直捣九龙仓。

1978年8月，李嘉诚密约包玉刚，将手中的九龙仓1000万股股票转让给了包玉刚。包玉刚也将手中持有的另一老牌英资洋行和记黄埔之股票转卖给李嘉诚。这样做，既使香港船王包玉刚满意，也得到英资金融巨头汇丰银行大财主的首肯，也使长实股东下得了"楼梯"。

1978年9月5日，包玉刚正式宣布他本人及家族已购入20%左右九龙仓股票。怡和与九龙仓现任大班纽璧坚，不得不吸收包玉刚及其女婿吴光正加入九龙仓董事局。这之后，李嘉诚又继续将手头剩余的九龙仓股转让给包氏。包玉刚则不断设法吸纳九龙仓股，意欲吞并九龙仓。

1980年6月中旬，趁包玉刚赴欧参加会议之机，纽璧坚突发袭击，正式挑起九龙仓大战。置地采取换股之法，欲将其持股权增至49%。其具体做法是将价值100元的置地股，换取市价77元的九龙仓股。条件十分诱人，股民喜笑颜开，置地只需要再踏半步，即可击碎包氏的"吞并美梦"。

包玉刚闻讯，急忙乘机返回香港反击。他首先获得汇丰银行的22亿港元贷款保证，紧接着召开紧急会议，决定以105元的现金吸收市面九龙仓股，目标也是49%。星期一开市不到两小时，包玉刚一下子付出21亿现金，购足2000万股，使控股权达到49%，取得这场战役的决胜权。

纽璧坚见大势已去，将置地控有的九仓股1000多万股转让给包玉刚，置地套现获纯利7亿多港元。包氏在九龙仓的控股量已超越绝对多数。

1980年，借助于李嘉诚一臂之力的包玉刚，极为顺利地用30亿港元夺得价值98亿港元的九龙仓控制权。包玉刚入主九龙仓之后，将西环的货仓大厦交给李嘉诚重新设计，而且李嘉诚只需要投入建筑费，而无须付出发展总成本的70%至80%的地价，并且日后的利润由两家平均分配。这种百年难觅的合作方式，是其他地产发展商所梦寐以求的。

在这次战役中，李嘉诚助包玉刚一臂之力，不但使包玉刚所领导的华资财团吞并英资财团得以顺利实现，而且使李嘉诚为自己顺利吞并英资和记黄埔及接下来与包玉刚的合作打下了坚实的深远的基础，并使"入主和黄"成为可能。

两年后，包氏的远见卓识得到了充分的验证。包氏购得九龙仓，实现了减船登陆，从而避免了空前船灾。香港另两个船王——董浩云与赵从衍，因行动迟缓，陷入濒临破产的灭顶之灾。

1985年，包玉刚又收购另一家英资洋行——马登家族的会德丰，再次轰动香港。

包玉刚入主九龙仓后，与置地成为合作伙伴，他们力邀李嘉诚加盟，在九龙仓尖沙咀开发了一个新项目。这在香港商界传为佳话。李嘉诚退出九龙仓角逐，将目标瞄准另一家英资洋行——和记黄埔。和黄集团由两大部分组成，一是和记洋行；二是黄埔船坞。和黄是当时香港第二大洋行，又是香港十大财阀所控的最大上市公司。

和记洋行成立于 1860 年，主要从事印度棉花、英产棉毛织品、中国茶叶等进出口贸易和香港零售业。至第二次世界大战前，和记有下属公司 20 家，初具规模。

黄埔船坞有限公司，源于 1843 年林蒙船长在铜锣湾怡和码头造木船。船坞几经迁址，发展至 20 世纪初，与太古船坞、海军船坞并称为香港三大船坞，拥有维修、建造万吨级轮船的能力。除此，黄埔船坞还经营码头仓储业。

20 世纪 60 年代后期，和记祈德尊雄心勃发，一心想成为怡和第二。他趁 1969 年至 1973 年股市大牛，展开一连串令人眼花缭乱的收购，把黄埔船坞、均益仓、屈臣氏等大公司和许多未上市小公司归于旗下，风头之劲，独一无二。

祈德尊掐准香港人多地少、地产必旺的产业大趋势，关闭九龙半岛东侧的码头船坞，将修船业务与太古船坞合并，迁往青衣岛，并将其他仓场码头统统转移到葵涌去发展，腾出的地皮用来发展黄埔新村、大同新村、均益大厦等，地产成为集团的支柱产业。

1973 年，股市大灾、世界性的石油危机、香港地产的崩盘，这系列灾难使投资过速、战线过长、包袱过沉的和记集团陷入财政泥淖，接连两个财政年度亏损近两亿港元。

1975 年 8 月，汇丰银行注资 1.5 亿港元解救，和记出让 33.65% 的股权。汇丰成为和记集团的最大股东，黄埔公司也由此而脱离和记集团。汇丰由韦理主政，祈德尊时代宣告结束。

1977 年 9 月，和记再次与黄埔合并为和记黄埔（集团）有限公司。因祈德尊主政时，集团亏空太大，和黄的财政仍不见起色。此时，李嘉诚捉到了可乘之机。九龙仓争夺战中，李嘉诚通过放弃争夺九龙仓的控制权，得以与汇丰银行增进了友谊。

之后，李嘉诚又以自己的精明能干、诚实从商的作风，以及日益壮大的长江实业飞速发展的业绩，令汇丰银行董事与主席沈弼所欣赏，从而为急需增大实力、增强储备资金的汇丰银行，提供了一个十分具有吸引力的出售和记黄埔股权的适当时机。

1979年9月25日夜，李嘉诚举行长实上市以来最振奋人心的记者招待会，一贯持稳的李嘉诚以激动的语气宣布："在不影响长江实业原有业务基础上，本公司已经有了更大的突破——长江实业以每股7.1元的价格，购买汇丰银行手中持占22.4%的9000万普通股的老牌英资财团和记黄埔有限公司股权。"

1980年11月，长江实业终于成功地拥有超过40%的和记黄埔股权。李嘉诚被和记黄埔董事局吸收为执行董事，主席兼总经理的仍是韦理。

1981年元旦，李嘉诚被选为和记黄埔有限公司董事局主席，成为香港第一位入主英资洋行的华人大班，和黄集团也正式成为长江集团旗下的子公司。长江实业实际资产值6.93亿港元，却成功地控制了市价62亿港元的巨型集团和记黄埔。

有人说："李氏收购术，堪称商战一绝。"但李嘉诚并不以为他有什么超人的智慧，他避而不谈他的谋略，而对汇丰厚情念念不忘："没有汇丰银行的支持，不可能成功收购和记黄埔。"

事实确如李嘉诚所说的那样。李嘉诚在沈弼眼中的好印象，早在汇丰与长江合作重建华人行大厦之时就留下了。

沈弼以银行的切身利益为重，而不在乎对方是英人还是华人，堪称是汇丰史上最杰出的大班。道理如沈弼自己所说："银行不是慈善团体，不是政治机构，也不是英人俱乐部。银行就是银行，银行的宗旨就是盈利。"

与香港航运业老行尊怡和、太古、会德丰等英资洋行下属的航运公司比，包玉刚出道最晚，但他的环球航运集团却是获得汇丰贷款最多的一家。这是因为包氏的经营作风和能力，能够确保偿还汇丰放款的本息。

现在，汇丰在处理和记黄埔的问题上也是如此态度。他们信任李嘉诚的信用和能力，足以驾驭和黄这家巨型企业。汇丰让售给李嘉诚的和黄普通股价格只有市价的一半，并同意李嘉诚暂付20%的现金。但汇丰并没吃亏，股款收齐，共获利5.4亿港元。在决定此事时，沈弼是一锤定音。

消息传出，香港传媒争相报道这一香港商界的大事。在一片喝彩声中，李嘉诚并未沾沾自喜，深感肩上担子之沉重。他总是以实际行动来证明自己的行动是正确的。

李嘉诚作为控股权最大的股东，在决策会议上，他总是以建议的口气发言，但实际上大家都信服他、倾向他。表面上虽然是韦理主政，但实质上大权已掌握在李嘉诚手中。他的谦让使众董事与管理层对他更加尊重，股东大会上众股东一致推选他出任董事局主席。

李嘉诚入主和黄后，至1989年，其纯利就是10年前的10多倍。股东与员工皆大欢喜。往后，就再也没人怀疑沈弼"走眼"、李嘉诚"无能"了。今日香港，无人不晓"超人"。不少人在承认李嘉诚"高人之术,超人之智"的同时,莫不羡慕他的幸运。

1986年,李嘉诚曾阐述他的观点:"对成功的看法,一般中国人多会自谦那是幸运,绝少有人说那是由勤奋及有计划的工作得来。我觉得成功有三个阶段:第一个阶段完全是靠勤奋工作,不断奋力而得成果;第二个阶段,虽然有少许幸运存在,但也不会很多;现在呢,当然也要靠运气,但如果没有个人条件,运气来了也会跑去的。"

吸纳港灯，收购置地

20世纪70年代末，李嘉诚部署收购和黄的同时，悄悄吸纳英资青洲英泥公司的股票。

1981年，李嘉诚正式出任和黄集团董事局主席。

1982年秋，中英就香港政治前途谈判，香港英人惶恐不安，和黄集团的行政总裁李察信竭力主张和黄集团将重心转向海外发展，李嘉诚却看好香港前途。两人在发展方向上分歧严重，导致了李察信的辞职。

接替行政总裁一职的是另一位英籍人士——马世民。马世民上任不久就参与收购英资港灯集团，并出任香港电灯有限公司主席。香港电灯有限公司（简称港灯）发起人是保罗·遮打爵士，股东是各英资洋行，1890年向港岛供电。港灯是香港十大英资上市公司之一，也是当时香港第二大电力集团。

90多年来，港灯收入稳定，加之港府正准备出台"鼓励用电的收费制"，港灯的供电量增长，盈利空间加大。因而，港灯这块大肥肉，总是惹人垂涎。

20世纪80年代初，在海外效益不佳的怡和系置地，在港大肆购入电话公司、港灯公司的公用股份，并以破本港开埠以来最高地价的47.5亿港元，投得中环地王，用以开发"交易广场"的浩大工程。

为避免正面交锋，李嘉诚按兵不动，静观形势。

1982年4月，置地以高出市价31%的条件，顺利完成对港灯的收购。为此，置地耗尽其现金资源，并向银团大笔贷款，负债额高达160亿港元。

随后，香港出现移民潮，港人纷纷抛港币套取外币。加之欧美日本经济衰退，香港地产市道滑落，兴建的楼宇由俏转滞，地产大亨置地如罩进铁网之中，楼宇由奇货可居变成有价无市，欠银行的贷款不仅无法偿还，光利息一年就等于赔掉一座楼宇。

1983年地产全面崩溃，置地坠入空前危机。1983财政年度，置地出现13亿港元的亏损。作为怡和旗舰的置地把母公司怡和拖下泥淖，怡和在同期财政年度盈利额暴跌80%。

那时，马世民尚未正式加盟长实系和黄，但马世民和李嘉诚接触频繁，常坐在一起谈论马世民服务过14年的怡和。

置地陷入困境之时，马世民积极主张从置地手中夺得港灯。在这点上，马世民和李嘉诚英雄所见略同。西门·凯瑟克接下怡和置地的管理大权，也接下了前任留下的累累债务。

1984年，马世民加盟长实系，李嘉诚委以他和黄董事行政总裁的重任，和黄的业务获得长足发展，成为长实系的盈利大户。同年，西门·凯瑟克出台"自救及偿还贷款"一揽子计划，出售海外部分资产，以及在港的非核心业务；统揽怡和地产业务的置地自然是核心业务，而置地又是怡和全系的欠债大户。

汇丰银行逼债穷追不舍，债台高筑的置地大班西门不得不出售港灯减债。首选的买家，自然是李嘉诚。财大气粗的李嘉诚出得起理想的价钱，他曾向前任大班纽壁坚表示过觊觎之意。西门·凯瑟克当时也在场，他很佩服李嘉诚的君子作风。

令西门·凯瑟克不解的是，这一年来，李嘉诚不再有任何表示。难道他真不想要港灯？港灯可是拥有专利权的企业，不可能会有第二家在港岛与之竞争，盈利确保稳定。李嘉诚欲擒故纵，西门·凯瑟克终于按捺不住，主动向李嘉诚抛去绣球。

李嘉诚请来马世民，与置地商议具体收购事宜。消息传出，全港又一次轰动。当年置地以比市价高31%以上的高价抢入港灯；现在和黄以6.4元的折让价捡了置地的"便宜"，而购入34.6%的港灯股权，为和黄省下4.5亿港元，而且实际上完全控制了港灯。李嘉诚看好的不仅是港灯的常年盈利，更看好港灯电厂旧址发展地产的价值。

李嘉诚斥巨资收购港灯，对恢复港人对香港的信心起了较好的作用。

1985年3月，包玉刚收购大型英资洋行会德丰。至此，四大英资洋行中的和记黄埔、会德丰先后落入华资手中。这彻底扭转了英资在港的优势，是香港经济史上划时代的大事。

有中国传媒称，李氏包氏是"民族英雄"，"大大振奋和提高了中国人的民族自信和自尊。"

也有评论家说："李嘉诚真正发迹，是从收购和黄开始的，李氏的发迹史无疑是一部吞并史。他并非像某些传闻说的'为民族而战',他是'为自己而战,为缔造他的商业王国而战'。在两次浩大的收购中,李嘉诚头脑异常冷静,从未情绪化——这就是出色商人的头脑。如果说,李嘉诚收购英资是'民族气概'之体现,那么,这之前和这之后,他都收购过华资,这不意味他是'民族的叛逆'吗?"

李嘉诚未正面回应,他只是在很多场合说,"收购不像买古董,非买不可。""我一直奉行互惠精神,当然,大家在一方天空下发展,竞争兼并,不可避免。即使这样,也不能抛掉以和为贵的态度。"

1990年,香港《资本》杂志第二期列出1979年至1989年香港十大盈利最高的上市公司。其中,长实系就控有其中的前3家,而且各公司均年盈利均达10亿港元以上。长实系在本港业界的盈利水平如何,已是一目了然。

华资财团的能力越来越强,伴随而来的"胃口"也越来越大。尝到甜头的华资财团,开始虎视眈眈地瞪着怡和洋行这头业界的狮子了。这一次华资财团准备集中火力,力图吞下"肥"得流油的狮子"大腿":香港置地有限公司。

曾经显赫一时并号称世界上最大的地产商的置地公司,拥有绝大部分香港商业金融中枢中环的物业。这里是香港岛中区的繁华地带,香港最重要的商业中心地区,也是世界经济阵容中最敏感的灵魂地带之一。这一切对于李嘉诚来说,只有控制了置地公司,才可以真正称得上是香港地产界的"王中之王"。

在"港灯收购战"告一段落后,西门·凯瑟克考虑到"连环套"结构的另一大恶果：尽管置地持有信和四成股权，但是绝对无法达到保卫怡置之目的，而且怡置双方因为互控而涉及利益关系，这样提出收购的财团便有机可乘，他们可以向法庭申请禁制令，禁止置地行使所持怡和股份的投票权，而导致怡置"连环套"的防线不攻自破。

于是在1986年，西门·凯瑟克专门从美国高薪聘请投资银行家包伟仕加盟，委以怡置系机构的重任，以确保怡和的控制权。

在进行了一系列安排之后，西门·凯瑟克及其继任人包伟仕开始采取了一系列的脱钩行动，怡置互控关系解除。怡置系结构由原来怡和持有置地四成股权，变为怡置持有置地26%，西门·凯瑟克家族对置地的控制权减弱了，而且大有将置地待价而沽的味道。

1987年股灾前夕，香港股市一片牛气。这时候，华资财团合力收购置地公司的传闻被炒到顶点，其中包括李嘉诚的长江实业、郑裕彤的新世界发展、李兆基的恒基兆业、黄廷芳的信和置业及郭得胜的新鸿基地产。以李嘉诚为首的华资财团，愿意以每股17元之价格收购置地，比当时置地的市价高出六七成之多。

但是，西门·凯瑟克根本不动心，他摆出一副囤积居奇的样子说："大门总是敞开的，问题在于价格。"

正当华资财团与西门·凯瑟克讨价还价、争论不休的时候，世界性的大股灾爆发了，华资财团的"置地收购战"告一段落。

1988年2月至3月，华资财团再次进攻置地。4月初，身为广生行董事的李嘉诚在广生行周年股东大会上，有意无意地透露"天机"——长江实业持有置地股份，并表示无意出任置地董事。

4月底,在华资财团即将收购置地消息的刺激下,置地股价升至8.9元。

4月28日,信和财团倾其全力,积极部署反收购措施,并通过其属下的怡策和文华东方发表联合声明宣布发行新股,从而使怡策所持文华东方股权增至41%。

4月28日晚,华资财团针对信和发出的反收购讯号,召开紧急会议,决定以"快刀斩乱麻"的方式,以最快的速度解决问题。

5月4日下午18时,香港股市收市以后,以李嘉诚为首的华资财团,包括华资巨头郑裕彤、李兆基以及荣智建,邀请信和高层人员西门·凯瑟克以及包伟仕进行谈判。

李嘉诚首先开诚布公地说明来意,指明以长江实业为首的4个财团都希望尽快解决置地控制权最终归属的问题。然后双方直接进入谈判主题,但由于谈判双方所出的价钱相差太远,会谈很快陷入僵局。

李嘉诚预感到双方如果继续这样僵持下去也不是办法,便将四大财团于谈判前拟定的一份以每股12元全面收购置地股份的文件,出示给怡和主席西门·凯瑟克看。

西门·凯瑟克看后极为震惊,他绝没有料到"什么时候中国人开始变得这么强大,这么有魄力的呢?"西门·凯瑟克无法回答自己心中的疑问,但是有一样是必须肯定的,如果明天上午四家财团的硬收购真的成功的话,那么接下来后果将不堪设想。

西门·凯瑟克强硬的态度不得不缓和下来,他马上要求暂停,并召集他的手下,紧急磋商起来。不久,唯恐事态扩大的西门·凯瑟克迫于华资财团的压力，决定用议价购入四大财团手中所持有的置地股份。

但是西门·凯瑟克这一次来了一个绝招，他提出了一个附带条件：华资财团7年内不得染指怡和系股份。由此一来，双方再一次展开了一场激烈的争论，直至最后，华资财团才让步同意忍受7年的"诱惑"之苦，不去染指怡和系股份。这一场可能是有史以来最激烈的商场收购战，总算没有扩大，现在又告一段落。

1988年5月6日，怡和控股、怡和策略及置地3个公司宣布停牌。同日，怡策宣布议价购入李嘉诚的长江实业、郑裕彤的新世界发展、李兆基的恒基兆业，以及中国国际信托投资公司等4家财团手中持有的置地股权，怡策在这次增购中共耗资18.34亿港元。

至此，再次耗用巨资以图享受7年"平安"日子的信和总算吐出一口长气，苦守8年之久的危城置地，也总算终告小解"7年之困"。

随着时间推移，华资企业在香港的房地产、制造业、建筑、外贸、饮食等行业中占有绝对优势。而且，在曾经为英资垄断的公共事业中，华资地位也不断上升。不仅如此，这些闯劲十足的中国龙在本土上不断充实与扩张自身的同时，仍没有忘记去征服世界。

直至今天，这一条一条的中国龙，始终都是以这种不断壮大的实力以及不断提高的能力，驰骋在广阔无边、变幻无穷的商场上，驰骋在变幻无穷的未来。

最赚钱的盈利老虎

20世纪80年代中期,李嘉诚开始大规模海外投资。

1986年12月,在加拿大帝国商业银行的撮合下,李嘉诚通过家族公司以及和黄,斥资32亿港元收购了加拿大最大的能源公司赫斯基石油公司52%股权。此外,李嘉诚拥有9%股权的加拿大帝国商业银行也购入了赫斯基5%股权。

早在20世纪70年代,国际市场经历了两次石油危机后,中东一些产油国不甘于国际石油巨头的压迫而奋起反击,使得国际市场一片恐慌,油价陷入低潮,石油股狂跌不止,赫斯基当然也不例外。而正在此时,李嘉诚却坚决看好石油工业,并力排众议做出了在他当时最大的一笔跨国投资。

李嘉诚曾表示,当初投资赫斯基主要有两个原因,一是他个人对加拿大有特别的个人感情;二是他本人与赫斯基原总裁私交甚笃,相信他的指引。

事后有人分析,李嘉诚看好收购赫斯基的理由主要有三点,一是当时的石油行业处于周期性波动的底部，收购价格低廉；二是加拿大稳定的政治经济局势；三是公司背靠美国这个稳定和可靠的大市场。

的确，作为唯一向美国提供大量石油并同时对美国友好的国家，加拿大对美国能源安全意义重大。由切尼牵头编写的白宫2001年能源政策报告称，加拿大的油砂是"维持北美能源和经济安全的支柱"。

尽管全球没几个人能真正揣摩得了超人的投资心理，但李嘉诚在向英国《金融时报》表述自己的投资准则时却多少透露了一些："在决定优先投资场所时，有几个标准对我很重要：法律法规，能保证投资的政治稳定性，宽松的生意环境以及良好的税收结构，这些都是重要特征。"这可能是除了对经济周期的把握外，超人决定交易的另一重要原因。

然而，加拿大虽然具备上述诸多优点，但根据当时加拿大的商务法则，外国人不能购买财政状况不健全的能源公司。当时，赫斯基拥有5000余口石油及天然气生产井的开采权，其中约40%由本公司开采，此外还持有重油精炼厂26.67%股权以及343个汽油站。除油价低迷因素带来资金周转困难外，并未出现债务危机。

于是，李嘉诚家族凭借已于1983年加入加拿大国籍的李泽钜，避过了针对外国人的投资限制，一举购买了赫斯基大部分的股权。而原来的大股东、加拿大化学制品及气体运输集团拥有余下的43%股权。

早已深谙经济周期变化的李嘉诚，对于随之而生的石油价格波动的周期规律自然也不陌生。他看准此时如吃进更多的石油储存，将会在油价摆脱低迷后得到丰厚的回报，于是展开了一系列急速扩张，并大力提高石油产量以期获得抄底效应。

1988年6月，李嘉诚斥资3.75亿加元，全面收购加拿大另一家石油公司，使赫斯基能源的资产值从原来的20亿加元扩大一倍。1991年10月，赫斯基能源的另一名大股东集团以低价将所持的43%股权出售，李嘉诚家族斥资17.2亿港元取得了赫斯基能源的绝对控制权。

经过多年开源节流和技术改造，李嘉诚把赫斯基由一家亏损企业变成了利润驱动器。同时，李嘉诚不断增购赫斯基石油股权。他成了对加拿大投资的英雄。加拿大的商务官员和商人为了便于与李嘉诚接触，把办公室也搬进了唐人街。

2000年8月赫斯基能源在加拿大上市，李嘉诚拥有的优质资产市值约达420亿加元，其业务涵盖了上中下游的勘探生产原油、精炼合成原油，以及分销汽油等，李嘉诚因此获利65亿港元。

2004年年末，当国际油价首次突破40美元一桶时，关于中石油、中海油、中石化考虑收购赫斯基能源控股权的传闻此起彼伏。高盛证券曾评估，和黄若以市值出售所持的赫斯基能源35%股权，估计约值362亿元人民币，以此计算，若出售可获利170亿元人民币。

有知情人士透露，上述三大石油商都与赫斯基能源有过接洽，不过最后均无疾而终。

也就在出售传闻蜂起的2004年，赫斯基能源开始进行"点砂成金"的提炼，计划把加拿大的油砂提炼成石油，若成功，估计可以开采出超过26亿桶石油。

李嘉诚当时说:"我们在加拿大拥有其中一个最大的油砂矿,50年也开采不完,储量以数十亿桶计。"

油砂是一种沥青、沙石、水和黏土的混合物,必须从中萃取分离出沥青,才能生产出高质量的合成原油,大约每开采两吨油砂才能产出一桶合成原油。

1979年时,油砂生产成本在每桶25.81美元的水平。在油价于2004年达到40美元一桶的水平之前,开采油砂几乎无利可图。2004年以后,随着油价狂飙,油砂成为拥有竞争力的世界资源的新亮点。由于开采和炼化技术的进步,采油砂提炼一桶大概只需10美元,甚至更低,这引爆了油砂开发的利润井喷。

根据和黄提供的数据,赫斯基能源有两个油砂项目位于加拿大的德加与旭日区。德加油砂项目的建造工程在2006年8月完成,并在2006年年底开始生产石油。这个项目预期生产期长达35年,每天最高产量超过30000桶。而旭日区油砂项目于2005年12月获得了监管机构的批准,赫斯基估计旭日区项目可生产32亿桶沥青,并拥有40年的生产年期。

2007年12月,赫斯基与英国石油达成协议,成立针对油砂开采及下游炼化的合营企业,各占50%权益。双方合作的主要目的,是将赫斯基目前在加拿大阿尔伯达省的旭日油砂项目的上游开采,与英国石油在美国俄亥俄州的托利多炼化项目设施结合,以建立综合的生产能力。赫斯基能源出售旭日油砂项目50%权益给英国石油公司,获得了31.2亿港元利润。

赫斯基能源公司成了李嘉诚旗下和记黄埔最赚钱的"盈利老

虎"。按照最新公布的业绩报告，受惠于油价持续飙升，赫斯基能源在2008年上半年，为和黄贡献了85.4亿港元的盈利，占和黄固有业务盈利的比例上升至28%。

而当李嘉诚在1986年收购赫斯基能源的股份时，这只不过是一家资本支出与负债过高的中型石油公司，当年的石油价格曾跌至每桶11美元。但李嘉诚当时就预言，"世界石油价格短期内不会有太大升幅，长远来说可以看好。"

2008年8月21日，李嘉诚在业绩会上自信地说："赫斯基能源在七八年前还被人批评，但是今年和黄最大的盈利贡献就来自赫斯基。"

其后，虽然由于国际金融危机，石油价格大跌而大幅下挫，但股价仍能做到较快企稳，并迅速反弹。

从2000年8月上市至2009年12月，赫斯基给全体股东的回报率已经达到了490%，派发红利的总额也已经超过了60亿美元，截止到2009年12月31日的总市值达到了256亿美元。

除去超人李嘉诚的眼球效应，赫斯基之所以成为中国石油界关注的对象，主要原因还在于其与中海油在南中国海的合作，也就是对文昌、荔湾、流花三大气田的开发。

那么，为何南中国海三大气田的开发都是由赫斯基所独揽呢？其他国际石油巨头可能有更先进的地质勘探能力和开发技术，却为什么没有进入？事实上，即使在与赫斯基密切合作的中海油内，很多员工对此问题也是茫然不知。

其实，从赫斯基在全球的资产分布情况看，南中国海原本并非其手中的王牌，或者说，赫斯基高层所关注的核心资产原本不在这里。这家麻雀虽小五脏俱全的石油公司，在全球所拥有的资产，构成了上中下游一体化的完整产业链。其上游由几项主要业务组成，一是位于加拿大西部和美国西北部的传统石油和天然气开采，租用面积约有30000平方千米；二是位于加拿大阿尔伯达省北面的面积约2200平方千米的油砂项目，估计其中的沥青蕴藏量超过443亿桶；三是在东南亚和南中国海的资产。2007年，赫斯基能源甚至获得了位于格陵兰离岸的3个勘探牌照。

中游的重要资产包括位于萨斯喀彻温省劳埃德明斯特的重质原油精炼厂，日产优质合成原油约65200桶，以及一个管道系统、一个拥有330万桶储存量的主要终输站和一个天然气储存库以及油气资源的处理与收集系统。下游业务则主要包括在加拿大和美国经营提炼，营销与分销汽油、柴油、沥青、乙醇和相关服务。

另外，赫斯基在加拿大拥有的超过570个加油站的零售网络，也曾令中石油和中石化馋涎欲滴，一度想通过购并手段掌控这一渠道。据了解，其时正值国际石油价格高企，赫斯基资产获得充分溢价的同时，李超人也曾有意出手，但最终未能达成交易。

尽管赫斯基是深海油气开发作业的能手，并在中国南海与中海油合作，但一直以来，其大部分盈利和现金流仍来自加拿大西部的资产，其他地区对公司的整体贡献并不大。

然而，自遭遇2008年年末国际金融危机之后，这一情况发生了改变。据和记黄埔2009年年报披露，公司在2009年经营环境极为困难，到第四季度才开始呈现暂时复苏。集团收益总额为港币3005亿元，较上年度下降14%，主要由于石油与天然气价格大幅下挫，令旗下的赫斯基能源销售额及营运收益较2008年大幅下降39%，为150.74亿加元。

此外，2009年平均总产量为每天30.65万桶石油当量，2008年则为每天35.59万桶石油当量。因此，盈利净额较去年下降62%至14.16亿加元。但从目前国际原油价格的走势来看，预期赫斯基能源在未来可能将有较为良好的表现，从而为和记黄埔贡献更可观的利润。

而据上述接近赫斯基的人士介绍，赫斯基能源由于在此轮危机中同其他跨国石油公司一样遭受重创，从而"奶量"锐减，因此计划将南中国海划为未来重点发展区域，加大与中海油的合作力度。而将其中国区经理所在的代表处重新迁回蛇口督导，似乎也可谓顺理成章。

群雄联手，共渡难关

　　20世纪80年代中期，李嘉诚开始率领李氏王国的强大力量，采取"闪电战"与"连环术"等战略战术从而像崛起长江、壮大长江一样，再一次高昂起生机勃勃的龙头，巧妙而策略地周旋在变幻莫测的国际商场之间。李嘉诚潇洒自如地挥舞着集资收购战的魔棒，进行了一系列引人注目的扩张行动。

　　20世纪90年代，李嘉诚在新的国际经济形势特别是大陆经济腾飞的新情况下，开始了迈向21世纪的坚实步伐。

　　1992年9月，李嘉诚亲赴上海考察。这年10月23日，他旗下的和黄公司与上海港务局就合资经营项目——上海集装箱码头有限公司，原则上达成了协议，在上海附近杭州湾北侧金山县建设金山标准集装箱码头、国际深水港码头等项目。这是当时中国大陆在基础设施建设和合资经营上最大和最重要的项目之一。

　　1992年11月中下旬，长实主席李嘉诚与合和实业董事总经理胡应湘相互间达成协议，合作开发建设广深珠高速公路第二期广州至珠海段。该工程由港方独资兴建，总投资额约港币96亿元。

长实与合和以双方各占相同股权方式合组一家公司发展该项工程。这两家大股东将持股占8成至9成，其余小部分股权将为新鸿基地产和日商岩井及兼松商事所拥有。该工程在1993年中期已破土动工。

此外，长实、合和等财团已有意向合作发展广州第二条环城公路。

长实集团、顺龙地产和顺德市政府合营组成的顺德市新城区土地发展有限公司也已在1992年9月初开始进入运营状态。

该公司计划在容奇港对面开发一片面积为6000亩的土地，整项发展计划为期15年，总投资额约40亿元人民币。长实和顺龙地产各占两成权益，顺德市政府拥有剩下的6成权益。

此外，李嘉诚的长实、和黄公司从1992年下半年以来，还分别先后投资参与建设上海的"不夜城中心"；在深圳蔡屋围参与兴建深圳外贸中心；在广州天河区参与兴建冶苑花园别墅住宅区及一所国际子弟学校；参与"中银中国基金"在内地的多项有关基本建设、工业及房地产物业方面的投资等；在广西的北海市、广东的东莞市也都有投资项目。

关于李嘉诚的长实投资35亿港元参与福州市旧城区三坊七巷的改造和重建工程，从1992年11月与福州市政府签订协议后，在1993年5月13日正式签约。福州市的"三坊七巷"是这座中国历史文化名城的重点保护区，历史悠久，整个工程耗资也很巨大。在正式签约后，先期工程陆续展开。

具有重大意义的 1992 年，是长实财团继续蓬勃向前的一年，是长实财团继续兴旺发达的一年。

据长实在 1993 年 4 月间所公布的，预期在当年内完成的楼盘，包括住宅、工业厂区及商业店铺等，分别为在鸭规洲海信半岛的 6 座住宅及商场，在茶果岭丽港城的两座住宅，在天水围嘉湖山庄赏湖居及翠湖居共 12 座住宅，还有在大图文礼阁 4 座，南区的冶礼苑，北角的一座住宅地盘，葵涌的葵昌中心及葵汇工业大厦，柴湾的样达中心等。年度内完成的住宅单位共达 5782 个。长实预期 1993 年内完成的楼盘总值估计约 151 亿港元。而长实所占的总值约为 80 亿港元。住宅仍是长实集团的主要盈利来源，并相信将会比预期的高。

李嘉诚曾表示过，在汕头大学的事业走上正轨之后，他还要为国家做第二件好事、第三件好事、第四件好事。"一辈子做有利于中国人民的好事，这便是我的心愿。"

李嘉诚在大陆最关心的汕头大学的建设，正朝着"努力办成全国第一所改革开放的试验性大学"的方向发展。"高等学校要适应社会主义市场经济体制的需要，要进一步改革教育体制、教学内容和教学方法，加强师资队伍建设，促进教育同经济、科技的密切结合，深化教育改革，把汕大办好。"

李嘉诚投资建设的汕大医学院附属第一医院，也制定了到 1995 年的奋斗目标，"医院将建成为一所设备先进、各分科齐全、技术精良、管理科学、服务周到、质量上乘的粤东地区的综合性教学医院"。

至 1993 年年底，医院面积已扩大至 50000 平方米，病床增加至700多张。肿瘤分院的门诊大楼已超期提前建成,病床增加至300张,开设20个各科专家门诊,增置一批先进医疗仪器设备,提高全院的教学、科研、医疗水平,以期取得更好的社会效益和经济效益。

在香港,李嘉诚除三大公司的核心业务外,还积极地策划1997年7月1日开始及至下一个世纪有关香港的投资的安排。

中英两国政府宣布重开会谈的有利消息极大地刺激了香港经济的反弹回升,香港股市在1993年4月14日急升,收市恒生指数6789.74,上升371.53点,再创历史新纪录。全天恒生指数升幅达5.7%,全天成交量突破77亿港元,也创香港股市历史上的新纪录。

至5月12日,港股在中英土地委员会批出本年度批地计划后,地产股受到刺激而带动了大市攀升,香港股市突破了7000点大关,收市恒生指数7002点,又再创历史新纪录。香港在历史性的时刻来临前正经历着前所未有的兴奋,李嘉诚及其名下的企业也正准备展翅高飞。

但许多国内人士并不知道,就在李嘉诚大力支持国内汕头大学等建设的同时,他的地产发展遭到了巨大挫折。

早在1991年,由于香港租金昂贵,公众舆论要求港府立法打击楼市投机的呼声就越发高涨。新上任的财政司麦高乐宣布,增加楼宇转让印花税和限制内部认购比例,以杀楼市炒风,平息民怨。

李嘉诚虽知悉此事,但因筹备多时,耗费相当财力精力,改期不利。于是,天水围嘉湖山庄第一期仍按期开盘。

据传媒报道："麦高乐对此大表不满，觉得李嘉诚明知他在当天宣读打击炒楼措施，却偏偏不避风头在同日推出大楼盘，与政府'对着干'。"

麦高乐于是使出厉害的招数，由银行监理处致函各银行，将新旧住宅楼宇按揭贷款，由原来的八九成，降至7成。这直接关系到买家与炒家首期现金的承担，进而影响到楼市的兴衰，楼价下滑，地产商与代理商要双双栽倒。

不久，李嘉诚设宴招待来访的加拿大卑诗省总督，李兆基、郑裕彤、郭炳湘、郭鹤年、何鸿、罗嘉瑞等地产巨头应邀作陪。一贯口讷、在公众场合甚少开腔的李兆基，率先表态，声称会透过自己旗下的财务公司，提供较高的按揭成数，防止楼市下跌。其他地产巨头异口同声附和，口气异常坚决。

李嘉诚在记者的穷追之下，最后也表态，他说希望能与政府协调好关系，如果地产同仁都这样，他也会跟随潮流。

第二天，麦高乐与汇丰银行大班包伟士、恒生银行主席利国伟紧急磋商，由两位金融寡头出面还击。由于香港首席财主汇丰大班发了话，地产商马上妥协。但日后的事实证明，李嘉诚等地产巨头，只是作策略上的退让。长期以来，地产收入一直是政府财政收入的大头，20世纪90年代差不多占政府总收入的70%。

在地产收益上，港府与地产商同样不厌其多。那么，各界为何只谴责地产商，而纵容政府呢？这是因为政府的财政收入用于浩大的公费开支，英国政府未向香港抽缴财政收入，香港政府靠卖地的收入维持其低税制。政府也建公房，一类是学校之类的公益建筑；另一类公建住宅楼宇非营利售予或租予超低收入者。地产商高价买地建房，必定会嫁祸于用户，用户当然会群起而攻之。

打击楼市炒风过严，必引发楼市下挫。楼市一淡，政府的地产收益必会锐减。不少地产商指责政府囤积居奇，好卖高价，楼市高价首先是政府地价高。打击炒风不能从根本上解决问题，重要的是增加土地供应量，适当调低地价，以量多保证政府收入。

李嘉诚以和软的口气表示对打击炒风的看法：严法管制固然起一定作用，但管制太多不利楼市的发展。这恰恰是港府最害怕的。李嘉诚不愧具有超人智慧。

第二个重要原因，是地产巨头的实力足以与政府和银行抗衡。银行的7成按揭，坑苦了中小地产商，他们非得依赖银行不可，只有借助削价来吸引买家炒家。李嘉诚等一些地产巨子，果然就按最初设想去做。

银行家一时大为惊慌，因为地产按揭占银行业贷款总额的3成以上，银行将会丧失盈利的重要渠道。于是有的银行偷偷放宽按揭率，使中小地产商大喜过望。李嘉诚与银行对着干，导致了他与汇丰"蜜月"的结束。

1992年春，邓小平南方谈话，大陆改革的巨浪波及香港，香港楼市水涨船高，地价飙飞。长实的计划分两部分，第一部分是建35幢6层至8层高级住宅，总楼面积130多万平方米；第二部分是与政府换地建商厦。长实只对所拥有业权的土地及政府所拥有的土地做出计划，未包括一些分散业权的土地规划。港府驳回的理由是：由于综合发展区必须涉及范围内所有土地的发展，故长实的申请未获接纳。

换地不利,不只李嘉诚一人,这自然影响到住宅物业的发展。楼价攀升,民情鼎沸,至1994年3月,楼价高价责任之争步入高潮,政府、议员、发展商、社会人士济济一堂,把"责任之波"踢来踢去。

作为政府半官方机构的消费者委员会,为政府帮腔,指出发展商可能涉及囤积居奇。更有民间人士做政府传声筒,指责发展商联手操纵市场。发展商最忌"造市"的流言,纷纷予以反击。

连不轻易表态的李嘉诚也愤然开金口:"近日各方君子纷纷指责地产商囤积楼盘不卖,带头扯高楼价。这讲法不公道。事关政府一批房产契约,发展商便卖楼盘,没有发展商联手操纵市场这件事。"

立法局议员刘慧卿,则对政府的懦弱无能耿耿于怀,指责政府养肥了几个地产商,对遏制楼价竟然一筹莫展。

李嘉诚后来推出的嘉湖山庄新单位,确实是一等政府批下入伙低价售楼。那么其他的发展商呢?会不会有楼不卖,待价而沽?一个多月后,发生了比传闻"垄断楼市"还严重的事情。

1994年5月26日,政府拍卖两块官地,拍卖场看客多,而竞者寥寥。拍卖会当场爆出10多家地产商联手投地、控制政府官地价格的新闻,这无疑将政府财政金库的钥匙捏了一把在手中。

官地价格骤然下跌1/3,当日地产股便急挫。官地太高太低,都非香港之福。地贵楼贵，市民承受不了；地贱楼并非就贱，直接受损的是政府，政府减少了收益必会缩减开支，间接受损的则是每个市民。

有评论员说，自从港府高官麦高东对地产商宣战那一天起，地产骄子李嘉诚就如一条困在海滩上的巨鲸。其实，巨鲸是不那么容易被困住的！1994年香港十大财团榜：长江集团2252亿港元位居首位。

首败铩羽，强势对撼

从 1990 年年初，李嘉诚辅佐中信收购泰富起，香港中资与内地国企纷纷欲借超人之力购壳上市，合组联营公司，利用双方的优势在香港和内地同时拓展业务。红筹股成为股市令人瞩目的股种。

1994 年，中信泰富跻身香港十大财团榜。有人说，李嘉诚先抱住中资这条大腿，然后凭借中国政府的强大政治靠山，就可在香港为所欲为了。但美丽华一役就是最好的答案，答案并非像上述观点所臆想的那样。

美丽华一役的失利，可从侧面表明，李嘉诚与荣智健等的合作是出于商业目的，完全是本港游戏规则下的商业行为。

美丽华酒店可谓是杨氏家族的祖业，但创始人却是一批外籍神父。20 世纪 50 年代初，九龙尖沙咀有一家教会小旅店，专门收容被驱逐的内地教堂的神职人员。

1957 年，中山籍商人杨志云，因一次偶然机会，购得这间小旅店。几经扩充，至20世纪70年代，美丽华已是拥有千余客房的一流酒店。

1985年，杨志云逝世，其子继承父业，美丽华仍风生水起。至1989年，香港旅游业空前萧条，入住率到1991年还未突破50%。杨氏兄弟遭众股东指责，集团元老何添出任美丽华集团主席。

1992年，香港旅游业转旺。至1993年，美丽华已恢复元气，渐入佳境。然而，杨秉正坚决不放弃祖业，而其弟杨梁则主张走投美国发展杨氏兄弟。这正是外强"入侵"的天赐良机。

外强之强，首推香港首富李超人与中资强豪荣公子合组的新财团。以长实的财力与中泰的背景，欲得美丽华，如瓮中捉鳖。

市面上，原有关于李氏、荣氏不再会合作的传闻烟消云散。美丽华，非得李超人、荣公子这样的大佬才吞得下。

美丽华是恒生指数三只酒店蓝筹股中唯一的华资酒店股，该集团的资产主要包括以下几方面：

一是美丽华酒店，位于九龙尖沙咀商业旅游区，估值24亿港元；二是柏丽广场，第一期估值10亿港元，第二期估值47.5亿港元；三是深圳蛇口南海酒店，估值12亿港元。这三项加起来，总估值93.5亿港元。

1993年6月5日，长实与中泰各占一半股权的新财团向美丽华提出收购建议，每股作价15.5元，涉及资金87.88亿港元。美丽华集团于9日申请停牌，停牌前市价为14.8元。李嘉诚15.5元的收购价，溢价不到一成，一般要溢价二成方可生效。

市场普遍认为，李氏、荣氏的出价太低，估计美丽华的资产值为18元/股。李嘉诚是股市收购老手高手，他应该深谙此理。也许他过于自信，认为不会再有强手跳出来与他角逐"猎物"。

据李嘉诚自己说，他们此番收购，是美丽华的一名大股东主动提出洽商，该股东有意出售其所持股权，并且持股数不少。这会是谁呢？半路上杀进个李兆基的介入，使局势完全逆转了。谁会想象李兆基会公开与李嘉诚"为敌"呢？

二李交情之深，路人皆知。他们是地产老搭档，曾在温哥华与郑氏等共同投得并发展世博会旧址，总投资百亿。他们是高尔夫俱乐部的"波友"，每周相聚一次，形影不离。更令人称道的是，不久前，他们共同推出一个"嘉兆台"高级地盘，把两人的名字合成物业名，成为两人友谊的永恒象征。

本来，未陷债务泥淖的杨秉正，完全可抓住所持的股权不放。也许他真的担心"怀璧惹祸"，就寻找第三者为其"藏璧"。这个人必是先父的至交，并且财力居香港十强之列，这只有李兆基了。

李兆基碍于李嘉诚的情面，开始非常为难，现在杨志云遗孤有难，不帮又说不过去。杨志云在商界名声卓著，深得同仁尊敬。眼看杨家祖业行将被外强"吞噬"。杨志云身前的世交挚友，必会遭外人指责。美丽华前景广阔，谁不垂涎欲滴？商场无父子，就更不会有友谊。于是，李兆基就给密友李嘉诚致命一击，与杨秉正私下签订协议。

杨秉正以极优惠的条件，让李兆基的恒基兆业以17元/股从杨氏家族购得美丽华股权。李兆基保证只做股东，管理权仍为杨氏家族所控，从而解了杨秉正的心头之患，他最担心美丽华一旦被另一家财团控得,杨家将会被清扫出局。李荣集团一时方寸大乱。一贯不抱买古董心理的李嘉诚,一反常态,把15.5元的收购价提高到17元,与李兆基的同等收购价对撼。

至7月12日,以杨秉正为首的8名董事,仍拒绝百富勤,即长实与中泰委托的财务顾问的收购建议,他们还控有7.61%美丽华股权;以何添为首的5名董事持有5.37%股权,他们主张接受收购。

7月16日,百富勤宣布至全面收购截止期,只购得13.7%股权及9.2%认股权证,股权未购满50%以上,承认收购失败。而李兆基通过市场吸纳,使其所持股权增至34.8%,因未过35%全面收购触发点,无须发起全面收购,却保持第一大股东地位。

证券分析员说:"李兆基攻守兼利。如果李嘉诚再要发动全面收购,李兆基可从杨秉正等股东手中买入股份,超过半数不太难,李嘉诚又可能徒劳无功。如果李嘉诚按兵不动,他也不动,稳可控制整个集团。

李兆基敢挡李超人,轰动全港。舆论一直认为:"超人之势不可挡,其锋不可争。"

圈中人道:"一帆风顺的李嘉诚,在美丽华一役铩羽退守,是超人在本埠走下坡路的起点。"事实真是如此吗?

20世纪90年代是李嘉诚收获的大好时节。他推出的大型屋村先后竣工,楼利滚滚而来。长实在海外投资回报不利的情况下,在港的投资却令集团和李嘉诚本人赚得盘满钵满,众多华资大财团无人可出其右。

1994年,李嘉诚所管理的企业税后盈利达28亿美元,他个人被评选为1993年度香港商界"风云人物",可能这就是最好的回答。

早在1984年,怡和掀起的迁册风甚嚣尘上,李嘉诚就发表声明:

> 长江集团绝不会迁册,将一如既往立足香港发展。

1987年1月1日,李嘉诚与合和主席胡应湘赫然推出"西部海港—大屿山战略发展计划",立即轰动全港,李嘉诚再一次显示出超人气魄和立足于香港的信心。

1989年10月11日,港督卫奕信宣布确立在大屿山北端小岛兴建新国际机场的方案。以当年价估计,完成整个工程需动用1270亿港元,为本港历史上最庞大工程,由政府和私人财团共同开发。

至1995年11月,李嘉诚先后投得机场铁路车站上盖001号、013号的发展权,权益由长实、和黄、中泰三家分享。

同时,李嘉诚旗下的国际货柜码头公司,也在葵涌坐大。

20世纪80年代,葵涌集装箱港现有的6个码头,国际货柜码头公司拥有2、4、6号3个码头,另3个码头由其他集团分别拥有。

1988年4月,李嘉诚以44亿港元在政府投标中中标,获7号码头发展经营权。两年后,国际货柜码头、现代货柜码头两公司与中国航运公司联合投得8号码头。李嘉诚不仅是本港屋村大王,还是货柜码头大王,是同业的绝对霸王。

香港经济迅猛发展,国际航运越来越集装箱化,葵涌现有和兴建中的货柜码头越来越难适应形势发展。9号码头的选址及招标渐上议事日程,李嘉诚踌躇满志,志在必得。

1992年7月,英国职业政治家彭定康接替卫奕信出任香港总督。"肥彭"到港不久,即撤换了一批议员,重新调整了政府职能部门及人事安排,使李嘉诚在港府数载经营前功尽弃。彭定康的这一着,给李嘉诚竞投9号码头抹上一层阴影。

9号码头的招标方式不再是公开招标,而是协议招标:不以价高为中标唯一标准,而是看竞投者的综合条件。综合条件是个软指标,有很大的灵活性。

协议招标消息传出,各大财团及李嘉诚自然跃跃欲试。结果,超人败北,港府将9号码头的4个泊位批给英资怡和与华资新鸿基等财团兴建经营。

其后不久,彭定康邀请李嘉诚进入总督商务委员会,李嘉诚婉谢后,结果让其子李泽钜进入总督商委会,成为最年轻的委员,全港哗然。然而,舆论普遍认为,港府确确实实有意削弱李嘉诚在货柜码头的垄断地位。

港府在选择9号码头发展商时,力图平衡,港府首先就把李嘉诚排斥在外,另选实力与长江相当的财团英资怡和与华资新鸿基。而长江集团的盈利大头一直来自楼市。香港楼市的涨幅,远远高于物价的平均涨势。财大气粗的新手的加入,使竞争激烈的楼市竞争越加激烈。传统的屋村现场广告,均是大幅宣传画和霓虹灯等。

李嘉诚别出心裁,在天水围的嘉湖山庄放激光广告。两个大型激光发射器,安装在第一楼屋顶,入夜便发射出多组五颜六色、形态各异的激光,甚为壮观。

李嘉诚的楼宇单位,一部分由公司售房部直接发售,一部分派给多家代理商包销。一处屋村就有若干代理商,李嘉诚多管齐下,售楼风头之劲,一时无二。李嘉诚与同业的竞争,莫过于与好友李兆基的对撼了。

他们在新界马鞍山均有大型商居楼盘,长实的叫海柏花园,恒基的叫新港城,两个楼盘群仅隔一条马路。二李在美丽华之役较量后,这番再次比拼。第一回合,始于1994年年底,李嘉诚先声夺人,减价推出海柏花园,短时期就卖出800余个单位,致使李兆基的新港城睇客锐减。李兆基急忙还招,也来个减价售楼。

1995年夏,恒基兆业将推出第四期最后一座楼宇,李兆基精心策划,秘密筹备,准备打得对手措手不及,闹个满堂红。7月13日,恒基宣布以先到先得方式开售248个单位,售价4100元/平方米,比二手价还便宜。恒基还推出9成按揭,住户只要交一成的楼价就可以入住。更新鲜的是恒基搞幸运抽奖,1/10的中奖率,中奖者可得十足黄金。

装修示范单位,是效仿长实的一贯做法,但恒基另有创新,聘请著名设计师萧鸿生推出八款装修,可供买家任意选择,最便宜的一款仅40000多元一套单位;八款各具特色,最贵者也不至于贵到离谱,极易为买家接受并心喜。

14日恒基安排睇楼。公司安排免费巴士不停往返沙田广场至新港城之间。私车睇客,可获3小时免费泊车。睇客免费享用早餐晚餐。这又是系列吸引睇客的条件之一。

本来，长实还没这么快推出新楼单位，但担心欲入马鞍山置业的买家会被恒基抢去大半，故在14日火速请名师高文安设计监做示范装修单位，好赶到15日向睇客开放。时间太仓促，示范单位非实楼，而是模型。

两强对撼，在售楼现场更呈剑拔弩张之势。恒基造声势到16日星期天步入高潮，长实见势不妙，又出新着，挂出一条醒目的长幅："海柏花园每平方米仅售3275元起！"

这大概是同业竞争最可怕的情景：顶烂市。一时间，黄牛党叫苦不迭，内部认购的代理商怨声载道，李兆基更是有苦难言。李兆基总算沉住气，不再与超人顶烂市。

这次马鞍山之战，李嘉诚总算占得先机。在这场争夺中，出现了互相拆台和顶烂市的局面，这对两位超级富豪来说，显得有些丧失风度。李嘉诚在楼市上一路领先、独领风骚的时代已经受到挑战。在抢夺9号货柜码头的争斗中，李嘉诚败给李兆基，此后在对美丽华的收购战中，李兆基又半路杀出，使李嘉诚再遭失败。如果这次楼市大战中李嘉诚再次败北，势必会影响其形象和声誉，甚至会影响广大股民的信心，后果相当严重。所以，李嘉诚不惜一切代价，无论如何要打赢这一仗。

李嘉诚非常清楚，商场如战场，要想在残酷的商战中立于不败之地，需要积极主动地抢占先机。

跨入电信网络时代

早在 1996 年，和记黄埔集团投资 84 亿港元组建了移动电话公司，加上其他移动电话业务，和记黄埔公司建立了强大的移动通信王国。

1999 年 10 月，李嘉诚将和记黄埔公司拥有的公司 44.81% 的股权卖给了德国电信巨头曼内斯曼电信公司，从而一跃成为欧洲最大的电信经营商，而这时正是移动通信业务炙手可热之际。

在这一交易中，和记黄埔赚了 1130 亿港元的巨额利润。这是香港有史以来最大额的单一交易。这桩交易成为当时香港最具有轰动效应的财经新闻，也成为全球资本市场关注的焦点。因 Orange 的译文为"橙"，故有多家报章称这次股权交易为"李嘉诚巧手摘甜'橙'"。Orange 是和黄最为成功的投资经典之一。如今，Orange 已位居英国第三大电讯公司，同时为以色列、香港及澳大利亚提供电讯服务。

李嘉诚介绍说，此项交易双方正式接触不足一星期便达成了，这主要是和黄看好曼内斯曼的增长前景，特别是其在欧洲电讯市场的优势，这是和黄进一步投资欧洲及全球电讯业务的好机会。但在他变身为欧洲电讯大亨之前的18个小时里，李嘉诚的心情也是十分紧张。即使是在睡觉时，李嘉诚还特意将手机放在枕边，并把铃声调到最大，恐怕在睡梦中错失交易落实的大喜讯。难怪事后他在记者会上不禁自豪地承认，多年来做生意以这次最为骄傲。

Orange为李嘉诚带来了巨大的收益，它所掀起的财富效应，对和记黄埔来说可谓是细水长流。

几个月后，即2000年3月22日，和黄再度出售持有的部分沃达丰股权，成功套现超过32亿英镑，短短5个月内获利16亿英镑。这次配售，相信是历来最大宗，比1999年3月德国公司配售25600万股大东电报股份涉及的240亿港元的交易还要大。受消息刺激，和黄及长实的股价在伦敦大幅扬升，近收市时和黄报144.5元，比香港收市升6元；长实则升5元，报117元。

恒生伦敦参考指数在长和系的带动下，也较香港收市上升216.4，报17763.44元。长和成为当天大市的支持动力。和黄是通过高盛和德意银行，将手上大约3成或92500万股的沃达丰股份，以每股3.49英镑出售予机构投资者，作价比沃达丰周二当日收市价折让7.7%，涉及股份该公司已发行股本1.5%。和黄发言人拒绝评论有关消息。

据悉，这次配售只历时90分钟便告完成。和黄减持手中的股权后，沃达丰股价下滑近6%。和黄仍然持有大约3.6%的沃达丰权益，市值约为76亿英镑。

证券分析员指出，虽然和黄的投资遍及全球，行业分布触及电讯、港口及零售等多个层面，但长期持有沃达丰的股权却不符合和黄的发展策略，因此，出售有关股份十分合理，预期和黄会将套回的现金进行再投资，特别是留作日后中国开放电讯市场时使用。CS第一波士顿的分析员指出，沃达丰的业务与和黄的发展策略并不相符，也无法控制董事局，故出售股份是明智做法，可将资金投放在其他投资上。

李嘉诚的这项股权交易行动，发生在1999年的下半年。

有趣的是，早在这之前的几个月，国际著名的传媒美国《时代》杂志就盯上了李嘉诚。

1999年4月间，《时代》杂志和美国安永会计师事务所组成的一个专家小组，已就谁是千禧年企业家作出裁决，他们将这项划时代跨世纪的桂冠戴在了李嘉诚的头上。

由科西莫·德·梅迪奇到全球首富、美国微软集团主席比尔·盖茨，由美国福特汽车厂的老板亨利·福特至理查德·阿克赖特，总共有15名著名的已故和仍在世的企业家入围被评估。

夺魁的是李嘉诚这位香港系列大企业和3个商业王国的创办人。评选专家小组认为，李嘉诚控制着50亿英镑的财富；李嘉诚的巨额财富以白手起家为起点；在其多元化企业王国的任何领域他都是当之无愧的伟大企业家。根据上述3个条件，李嘉诚在15位全球大亨中脱颖而出，成为最杰出的世纪企业家。

评选千禧年企业家活动尘埃落定稍后传出的另一条消息，也为评选小组的裁决增添了一个有力的佐证。

2000年3月间，美国著名的《福布斯》杂志公布了最新的全球富豪排名榜，香港的李嘉诚家族以总资产接近1000亿港元而蝉联第十名。与此同时，李嘉诚的小儿子、刚鲸吞香港电讯的盈动集团主席李泽楷，则被《福布斯》杂志评选为美国以外的全球十大科技富豪第五名。

李嘉诚和李泽楷父子俩双双荣登全球超级富豪龙虎榜，成为新世纪最显赫的风云人物。李嘉诚家族的旗舰公司长实、和黄是在香港上市的，生意则遍布全球，1999年盈利1173亿港元，是全球最赚钱的上市公司。"老超人"虽已高龄，在商场上却雄风益盛。虎父无犬子，"小超人"李泽楷更是如日中天，一跃跨上美国以外的全球科技富豪第五位的宝座。

李嘉诚认同新科技的重要性，决定全力发展超级网站。李嘉诚以中国为起点发展超级网站。他认为，网际网络对任何一家公司都重要，网际网络世界广泛，大家互相补充，不会有冲突，互相配合得益。

2000年2月17日，李嘉诚的旗舰长实、和黄宣布，以"将中国带到世界，将世界带到中国"为口号的互联网站即将于3月1日在香港上市。这一消息一宣布，立刻引起华人社会以及全球资讯界的广泛关注。

李嘉诚指出，长和系的发展，并不是单靠他个人对某项事业的认知，主要依靠公司的员工带动发展，加上集团内有很多博士、硕士及大学毕业生任职，连同外国的伙伴一齐发展。他表示，网际网络有时候比资讯更重要，长实、和黄将投资10亿港元发展超级网际网络站的口号是："将中国带到全世界，也将全世界带到中国。"

集团有限公司成立于1999年10月，集团总部设在香港，地区总部分别设在北京及台北，在20多个城市聘用了3400名员工。在香港创业板上市的拟筹资6.4亿港元，用作技术开发、市场推广及发展集团之电子商贸，其余资金将用作策略性投资及一般营运资金。

为了应付大量认购，已印制逾30000本招股书及超过20万张认购表格，倘若认购表格派罄，还会再加印。

网站携高科技热潮，以"香港超人"李嘉诚旗下的和记黄埔及长江实业集团为主力股东，其他股东还包括盈科数码动力，为海外全球提供"通晓中国事"的资讯，并为大中华地区及海外华语社区的全球华人提供"华人时尚生活"与电子商贸服务，内容包括旅游、文化、科学、艺术、时装、游戏、新闻、体育、娱乐等项目。

此外，公司将通过经营3个主要入门网站，提供内容及服务。这些入门网站将会本地化，在全球各地区主要针对中国社群推出特色网站，其中包括中国台北、新加坡、北京、上海、悉尼、三藩市及温哥华。2月18日，李嘉诚旗下的网络公司开始派发新股认购申请表，大批香港市民连续两天排起长龙，100万份申请表一抢而空。

2月19日，是派发申请表的第二天，包销商百富勤继17日派出50万份后，18日加印了50万份。负责派发申请表的汇丰银行各家分行门外，早早就排起了长长的人龙。

20日，在一家分行门外，凌晨3时就有人排队，在正式开门营业前已有400多人。由于分行一度宣称不派新表，引起股民们不满，分行只好决定再派发表格，并请警员维持秩序。

由于每人只限取一份表格，加上是休息日，有人动员全家前来索取表格。至24日，再度掀起认购股票的狂潮，约有30万香港市民冒雨涌往10家指定的汇丰银行分行，交付认购表格。由于现场人数太多，警方紧急出动维持秩序。这是香港股票史上从未有过的现象。

长实、和黄的网络股于3月1日在香港创业板上市。2月29日中午是招股申请的截止时间，因此掀起了交表狂潮。据悉，此次认购共收回表格50多万份，超额近2000倍，打破港股认购的历史纪录。

针对Tom.com认购时出现的混乱，证监会发表声明，对保荐人、收款银行和有关公司未做出适当安排表示失望，已要求保荐人提供报告，并就招股事宜发出指引。

证监会认为，百富勤和负责收款的汇丰银行，应该察觉到投资者对招股的兴趣，但有关方面却未能及时印备足够的申请表格，并未能收回表格做出适当的安排。证监会对此表示失望。

证监会表示，将与联交所商讨改善新股招股的程序，已要求百富勤尽快呈交报告。维持公平有序的申购过程，是保荐人、收款银行及有关公司的责任，他们不排除对有关责任人做出惩罚。

香港证券界人士则欣喜地认为，这次认购狂潮可带旺热情已冷却的创业板，并且可吸引其他香港财团分拆科技业务在创业板上市。

香港兴宝证券副总经理吕志华表示，不但将掀起一个创业板热潮，并且会带起整个港股入市热潮。他更相信，由于散户乃至一般市民都会因为"超人"李嘉诚的魅力，一窝蜂地争相认购，导致在4月份的挂牌股价随时会超越股价的10倍，即是说股价会飚高至每股17港元或是以上。

由于2000年首季在香港创业板上市的股票清一色都是互联网站，在这股互联网热潮的带动下，投资者的追捧程度将更为疯狂。获得认购权的香港升斗小民，虽然费尽千辛万苦方能如愿以偿，但料定手中持有的股票将大升特升，高歌猛进，自然是笑到见牙不见眼了。

而此次派表狂潮中的最大赢家，却是李嘉诚。由于此次认购行动将冻结资金达1500亿港元，因此，单利息收入就已超过亿元。

李嘉诚的长江实业与和黄拥有57%的股权。共发售428亿股，占扩大股本的15%，售价介于1.48港元至1.78港元。

由于申请的小户多，而仅10%的发售量供公众认购，其余则配售给投资机构，预料小户成功申请到的机会不高。由于超额认购高达近2000倍，散户成功中签的机会犹如买彩票！有行家算了一笔账：假设只认购2000股，则成功中签率为三十万分之一。

就在2月23日，报出的招股价仅为1.78港元，而且还未正式挂牌上市，市场暗盘价已上升逾5倍，报10港元至11港元。若散户抽中2000股，账面利润即刻已有18400多港元。

这次认购获得市民超狂热追捧，与其说是追捧科技概念股，不如说是追捧李嘉诚股。由此可见，李嘉诚良好的商业形象，给予他的回报是何等超值。

力推"中药港"计划

这一次,经特首董建华的提醒,他越发理解中草药对香港从金融风暴中走出困境将要起到的作用。李嘉诚连夜召开重要会议,正式提出把中药材列入促进香港特区经济增长的计划,优先考虑并马上实施。在这个计划中,李嘉诚的"中药港"设想方案尤为引人注目。

李嘉诚认为"中草药"是我们的国宝,在香港回归祖国以后,中草药将要成为我们经营和销售的主体。这不仅是为了赚钱,更重要的是在发扬祖国的中药遗产,让世界通过"中药港"来进一步认识中草药的作用。

"中药港"计划拟定以后,李嘉诚开始在香港和内地寻找可以共同经营这一新项目的合作伙伴。董建华听到"中药港"的宏大经营计划后也格外振奋。这位船王出身的香港特区行政长官,多次在香港各种高官会议上宣传"中药兴港"、迅速发展经济的方针。

为了尽快打造"中药港",董建华再次与李嘉诚进行恳谈,他认为"中药港"计划在香港尽快实施,不仅是李嘉诚长实集团的首要任务,也是需要全港工商企业共同携手的当务之急。

在董建华的号召下,一些与药品生意相关的集团和企业,纷纷支持和响应李嘉诚"中药港"的实施方案。

一家名叫新世纪的集团公司,听说李嘉诚这一雄心勃勃的"中药港"计划以后,马上派人与长实集团取得联系,希望能成为李嘉诚的合作伙伴,并同意马上注入资金,和李嘉诚一起联手进入"中药港"的运作。

李嘉诚和新世纪集团很快商定了一整套实施"中药港"的方案,其中重要一项是两家集团公司共同投资50亿港元进行中药材的合作开发,一个生机蓬勃的"中药港"很快就初显规模。

除和新世纪联手之外,李嘉诚又授意和记黄埔在"中药港"的重要环节上增加一个重要的筹码。这就是和记黄埔与广州白云山股份有限公司共同商定的合作项目,也同时纳入了"中药港"计划。这是一个计划外工程。

关于这次和广州的中药材联手经营,李嘉诚亲自过问,他要求和记黄埔负责此事的人员:"一定要加快谈判的进程,因为这是我们打造'中药港'的需要。"

翌年春天,当和记黄埔与广州这家药厂正式在广州签订合作备忘录以后,李嘉诚对尽快打造"中药港"的计划实施心里更加有底了。因为这一由双方共同投资10亿港元作为启动资金的中药材生产项目,是以广州白云山中药厂作为生产基地的,而和记黄埔除优先注入资金之外,还要担负在国际上推销中成药的使命。

尤其让李嘉诚看好的是，广州白云山中药厂是一家有着20年历史的老企业，他们不但有成套生产中成药的设备，重要的是他们在国内聘请了诸多颇具中药知识的专家作为顾问。

李嘉诚要求和记黄埔特别是在欧洲和美洲这些对中成药历来持怀疑态度的地区，更应该注重中成药的成分具有中国的特色，如果能够稳妥牢固地占领欧美市场，其药品原材料的货真价实至关重要。

进入21世纪之后，他又把投资的眼光瞄向了生物产业。李嘉诚表示，生化科技将是集团未来发展的重点领域，也是他投资的另一只篮子。

2002年5月12日，长江实业宣布，已于5月10日向香港联交所正式申请分拆旗下生化科技业务——长江生命科技集团（以下简称长科），于创业板独立上市。此次长科的分拆上市，遵循的却是另外一种资本轨迹：在新兴产业备受憧憬时，先把李嘉诚概念和高科技概念高价"卖"一回，通过高估值发行新股和上市，坐拥强大的资金实力，占领产业的制高点，再从容规划，大手笔地投入好的项目，或是选择合适的对象进行收购。

长科主要从事生化科技产品的研发、商业化、推销及销售业务。长实称，长科的业务针对"提升人类健康及环境的可持续性两个层面"，通过一项"细胞甄选、激活及驯化技术"开发不同的产品，范围包括生态农业、环境治理、医疗、保健及护肤5个类别。

长科总裁甘庆林透露，预计这5个类别的市场价值达2000亿美元。长实已投入长科的金额达4.2亿港元，长科已注册专利的项目达40个。

显然，长科当时仍在投入阶段，实现销售的产品尚不多，长科公布的已成功市场化的产品仅"稳得高生态肥"一种，该产品至2001年年底销售收入仅1500万港元。

2002年7月2日，长科宣布公开招股。尽管整体投资环境欠佳，美国生物科技股半年中大幅缩水50%，公司仍在"烧钱"阶段，但由于长科管理层精心应对，凸现了以李嘉诚为首的团队魅力，从而成功地达到了预期目标。在外围风声鹤唳的情况下，因有李嘉诚数十年里铸成的金字招牌，长科招股反应仍然不俗，公众人士认购获得超额120倍，冻结资金约316亿港元。

国际配售也超额10倍。上市前后，围绕长科的各种揭秘式新闻不断出现，频率之高为当时香港资本市场中罕见。而美国生物科技股在月初创下了1997年来的新低，势必让人们对第二板市场的高风险股更加胆寒。但长科上市的表现，仍对投资者有所交代。

招股前一天，长江生命科技集团主席李泽钜携公司高层6人下午在长实总部会见记者。在发言中，李泽钜就特别宣布这项"重大的好消息"。他说："长江生命科技最近在研究艾滋病治疗药物方团取得了'重大突破'，公司管理层为此感到高兴。"

据资料显示，这家公司成功研究出108个产品，并已在美国申请专利，取得的专利已有7个。另外，这家公司拥有50名科学家，其中20名有博士学位。公司管理层认为，这是公司的财富。他们已制定出一系列有助于这些人才发展的政策，包括薪酬方面的政策，培养他们对"公司的忠诚"，以此作为长科未来竞争的本钱。

他们开发了五大类产品,其中包括健康食品、农用化肥等。据估算,未来市场总值可望达到2500亿美元。

一般而论,从事生物科技开发的公司短期内难以获得盈利,另外又需花费大量的投资,属于资本密集的行业。因此,外界并未普遍认同、看好这只新股。

不过,在7月2日下午记者会举行到一半时,李嘉诚出人意料地出现在会场,并与台上6位公司高层举杯祝酒。

李嘉诚的出现一时引起会场躁动,百余名记者大部分蜂拥逼近李嘉诚,并就公司未来前景等问题穷追不舍。

有记者问李嘉诚"长江生命科技何时才能赚到钱?"

李嘉诚就表示具体时间不敢肯定,但他说:"我可以告诉你:'我对公司有信心。'"李嘉诚所在的长实持有长江生命科技40%的股份。另外,李嘉诚本人则拥有29%的股份。

在2002年7月16日的首个交易日中,长江生命科技虽没有像当年网络那样万人空巷,但公开发售部分获得120倍超额认购,配售给专业及机构投资者的部分也获得约9.5倍超额认购。长江生命科技当日收市报2.15港元,较招股价升7.5%,成交金额为14.54亿港元,长科成交达6.65亿股,并以约138亿港元的市值,一举成为香港140家创业板龙头老大,占当日创业板市场总交金额的22.5%。

令李氏家族感到欣喜的是,长科以每股两港元公开发行的新股获得了120倍的超额认购,上市前其暗盘交易价最高达到4港元,一度拉动了香港的生化医药概念股。此后的市场表现也不俗。

2003年"非典"期间，针对非典疫情，长江生命科技宣布提早推出免疫素，刺激了股价大幅飙升19%，同时带动香港创业板指数逆市大涨5.6%。长科上市后，其特种肥料推广及癌症药物开发并未如投资者憧憬般进展迅速，其股价也持续下滑。

长科主席李泽钜宣布，推出"长江健康自强行动"，任何人士在完成公司推出的免疫素疗程后若患上伤风感冒，集团将提供免费医疗服务，若服用人士染上非典型肺炎，长科则会提供20万元保健金。

李泽钜表示，产品推出前，曾给500名员工服用，发现病假数字有所下降。该公司预期，此产品预计每月可生产10万瓶，售价"相当于喝一杯咖啡"。

消息一出，长科股一下子大涨近两成，收报1.73港元。如果从当月初的低位1.16港元算起，该股几乎涨了50%。长科能迅速把非典危机变为商业机遇，为产品的服用人士提供信心保障，同时采用特别的营销手段，得到了投资者的认同。不可忽视的是，长科发行新股得到的25亿港元还有24.7亿港元未使用，只是部分购买了债券，这将为公司科研发展以及后收购兼并奠定基础。

2004年秋天，李嘉诚再次从香港飞往首都北京，走进百年老店同仁堂。李嘉诚参观了所有中成药的生产过程，他这才发现同仁堂这家百年老店之所以在国内和国外始终保持着不可动摇信誉的根本原因，就在于他们对中成药原料的质量所持的严谨态度，任何一丝不符合规定的草药，都会在同仁堂制药机构的严格审查面前被淘汰和剔除。

而同仁堂的严谨敬业精神，不正是李嘉诚多年来经商生涯中孜孜以求的吗？作为李嘉诚尽快打造"中药港"计划的一个组成部分，这一次他亲自拍板批准了长实集团与北京同仁堂合资组成中成药联合企业的报告。

在此之前，李嘉诚也批准了长实集团与上海第一中药厂签订合作备忘录的报告。这两项合作协议书，昭示着"中药港"的成功实施具有更加充实的内容，而长实集团能有国内第一流的同仁堂中药制药机构的参与无疑也会让他的中药出口计划更具特殊性和名牌效应。

李嘉诚对于推销质地优良的中成药颇具信心。他还亲自给那些即将前往英美法德等国进行中成药推销的人员讲课，讲他当年如何在香港推销塑料制品，如何能够让那些不肯买账的人们了解中成药的价值和效能。这些推销人员到了西欧北美以后，一边介绍和推介同仁堂的中成药，一边又不失时机地选择有利地区开设中药零售商店。

到2005年年底，李嘉诚就采取蚂蚁啃骨头的做法向前推进，一步一步地占领了欧美药品市场，建立大小中药材零售店多达千多家，成为世界上所有经销中成药势力最大的企业之一，初步实现了李嘉诚打造"中药港"宏大计划的第一步。

勇夺 3G，开发西部

2001年9月，香港特区政府称，拍卖4张3G移动通信运营执照。在发出牌照后，至2005年前不会再发3G牌照。

竞投将采取甄选及竞标相混合的形式。首先是甄选，在有关的公司提交了正式的申请之后，如甄选过程有超过4家的公司通过，政府将立即举行拍卖。竞标者需缴纳2.5亿港元的定金。如果只有4家公司通过资格审定，3G执照将以底价出售给他们。

底价出售后，第一阶段竞标价将是未来运营商网络营业额的5%，前5年最低保证金为每年5000万港元，第六年起最低保证金将逐年递增，直至执照15年期限结束为止。

按照这样的算法，每张牌照的净现值将高达7.65亿港元。因此，本次竞拍，吸引了众多业界人士的关注。而其中李嘉诚的和黄更是豪气冲天，志在必得。

3G是第三代移动通信的简称，包括标准的制定、系统网络、终端应用开发等在内的一个整体概念。在第二代移动通信系统中，没有统一的国际标准，各种通信系统之间彼此互不兼容。

但在 3G 时代，融合将成为最重要的特征。在 3G 方面已投入庞大资金的和黄集团，其最大的对手沃达丰表示可能放缓兴建 3G 网络的速度后，沃达丰的股价当即下跌 4.7%。

和黄集团总经理霍建宁却表示，沃达丰等众多国际主要对手纷纷延迟推出 3G 服务，给和黄带来绝对优势。在 2G 时代即将过去的时刻，选择和投资 3G 并抢占有利的地势，是李嘉诚对未来电信的一个预期。

2001 年以来，欧洲的 3G 牌照拍卖是热点，也同样是和黄的重头戏。和黄集团的欧洲化 3G 策略的重点是集中发展英国和意大利的 3G 市场。和黄集团曾联合日本与荷兰公司，成功取得英国的 3G 执照。

在亚洲，和黄集团除了誓夺香港 3G 牌照，也有意在印度及一些东南亚国家参与 3G 牌照竞投和经营。

随后，在意大利取得 3G 的经营牌照更是显示了和黄欧洲策略的坚定和扎实，但 3G 的发展并不如李嘉诚设想的那么乐观，并且从 2002 年起，3G 的亏损逐年增大。

电信投资毕竟需要时间来创建网络和消费者群体。设备商需要运营商埋单，运营商则是由消费者来埋单。可是，消费者有时并不给运营商面子。因为消费者看不到自己对此有多么必要的需求。而且不论还没影儿的 3G，就连用于过渡的 2.5G 技术，运营商都没能找到让消费者心动的理由。

和黄的3G手机机型款式少，体积庞大，还极耗电，但卖得并不算糟，关键在于和黄提供了特别低廉的话费套餐，以及对高级别语音、图像等多媒体内容的处理、传输。在这种现状下，原本的高端路线最后不得不选择大规模降价以赢得市场。

2004年被定为3G年，欧美各大运营商也纷纷推出3G，3G在全球立即呈现出燎原之势，和黄势必成为最大赢家之一。

和记黄埔旗下和记电讯3G业务——"3G香港"服务，是在2004年1月正式推出的。其香港中环旗舰店的开业仪式热闹非凡，舞狮表演以及喧天的锣鼓，吸引了不少媒体和市民前来"凑热闹"。为了更好地推销3G手机，"3G香港"推出的服务收费和手机价格，都比市场事先预期的要便宜。

推出伊始，"3G香港"又提出，客户若在2004年2月28日前办理"上台"选用3G服务者，即可享有多项优惠。

"3G香港"还通过一系列电视广告、100部印有"3G香港"广告的出租汽车，以及开放销售点让客户试用3G服务等，加深香港市民对3G的认识。3G手机的优越性，加上"3G香港"优惠的营销策略，连日来吸引了不少香港市民到网络商的门市了解3G所提供的服务。

有市民在了解有关服务后便一掷数千港元购买手机"上台"，有人甚至购买数部手机，有的门市更一度出现排队轮候购买手机和"上台"的人龙。

2004年3月，李嘉诚公开表示，和黄3G业务的亏损为183亿港元，主要是因为3G手机销售上升而导致补贴增加，早前定下的2003年年底取得100万名3G客户的目标也未能如期达到。

由于电信业先期投资巨大的特点，在未来电信市场的争夺中，是否有足够的耐心不追求眼前利润、精心培育市场，将会成为成功的关键之一。

欧美政府出于对3G市场的盲目预期，采取了杀鸡取蛋式的牌照拍卖方法；由于同样盲目地对暴利的追逐，欧美很多运营商大规模投入3G，造成了过去几年全球电信业务市场的低迷。

虽然3G牌照也给李嘉诚带来了一定程度的困难，但他无疑是高瞻远瞩的。他懂得以自己在资本层的实力精心培育3G这棵幼苗，以期获得更大的回报。

为了将风险降到最低，李嘉诚于2004年把其旗下的电信资产分拆上市，把3G亏损的影响孤立起来，不向外扩散。此举把3G的困扰彻底解决了。

2004年5月，和记黄埔宣布，其3G手机用户在近两月增长迅速，公司在全球3G用户总数已达173万。

与此同时，作为商人的李嘉诚，他的眼光并不只是局限于3G的眼前利益，中国西部的投资将是他人生的又一大手笔。通过对中国西北部的考察，李嘉诚及其长实集团董事局决定投资成都、重庆等地。

2002年春，和记黄埔进入四川。他们首先以21.35亿元在成都购下南城一块总面积为1036亩的土地，用于兴建新楼，除此之外，在成都先后建起了南城都汇、天府丽都和喜来登大饭店等物业，至于后来兴建的温江项目，更是李嘉诚西部之行的丰厚硕果。

如果说李嘉诚在四川成都的购地仅仅是开发大西北房地产业的第一步，接下来李嘉诚兴兵的地点选在了长江和嘉陵江交汇处的山城重庆。

李嘉诚初看山城，多给他以陈旧破败的印象，特别是建在群山半腰间的那些楼盘，很像他在香港到处可见的倚山而筑的民居。不过，重庆的地皮与香港相比，地价的悬殊，是他渴望来此发展的一个重要因素。

其实，早在李嘉诚大西北考察之前，和记黄埔于1997年香港回归的当年秋天，就悄悄地开进了重庆。当时，李嘉诚对在长江以北地区获得投资的巨大回报还不报任何奢想，他仅仅希望麾下的和记黄埔能在重庆搞出一系列的房地产样板，然后才请董事局讨论是否需要重金投入。

两年后，开发的第一个项目"高品质大型综合性商业大都会广场"的面世，让李嘉诚看到了意外的曙光。这也是李嘉诚在西北之行中，考察教育的同时也要考察房地产业的由来，更是他亲自来重庆看一看的初衷。

投资不多而见效惊人的大都会广场，甚至要比龚如心女士在香港花巨资兴建的"华懋广场"还要壮观宏大。这个坐落在重庆闹市解放碑步行街的大都会广场，占地面积为18717平方米，建筑总面积23万平方米，这无疑可以视为重庆市最有意义的标志性建筑之一。

这个偌大的广场，由现代综合性购物商场、高智能甲级写字楼大都会商厦、国际五星级酒店海逸酒店三部分组成。其建筑之宏伟、商机的深远、布局之得体，都是李嘉诚为之惊喜的。

也许正是由于和记黄埔的重庆一着棋,启动了李嘉诚进行西部攻势的总体思路。作为商人的李嘉诚没有忘记他来中国西部的目的,从对大西北的大量投资中启动优先发展房地产业的机制。一边是对大西北的无私捐款,一边也要发展商业大赚其钱,这就是李嘉诚的文武之道。他麾下的和记黄埔在重庆的投资成功,无疑构成了长实集团进一步向西北西南发展的动力。

从 2003 年开始,李嘉诚决定逐步加大他在重庆的投资比重。而重庆长江南岸杨家山那片尚未开发的荒地,则成为李氏势在必得的聚金凝宝之地。

在这块地皮的竞标过程中,李嘉诚的长实集团遭遇到内地一家重要房地产集团的对峙。竞购底价从 100 万开始,由于双方势均力敌,攀升的额度越来越高,可是,国内这家房地产集团毕竟敌不过财力雄厚的李嘉诚,最后香港长实集团终于以 24.53 亿元一举拿下了这块土地。

不久,李嘉诚又授意长实和和黄在重庆南岸区再购一幅土地,与此次收购的土地相距 3000 米。李嘉诚在重庆的接连出手,而且一次比一次更让人惊叹,每一次都爆出惊人的天价。长实集团在重庆一口气接连拿下几个项目,这是当年李嘉诚初来大西北考察时所没有想到的。

仅在重庆就建有比华利豪园、珊瑚水岸和大都会广场商厦及陡溪等一系列地产项目,获利甚丰,难怪李嘉诚对香港记者说:"中国西部是一个巨大的潜力场。如果哪一位香港商人轻视了内地的西部,他就要犯极大的错误!"

在李嘉诚的影响下,香港众多地产商进入了重庆。而李嘉诚的轰动效应，也鼓励和影响着内地的一些集团问鼎重庆的地产。

全国50强开发商有超过半数进军重庆，一度对重庆商业地产空置率太高犹豫不决的大连万达集团，也在"李嘉诚旋风"的诱惑之下，以10多亿元取得占地约170亩的南坪珊瑚村旧城改造项目。

此外，大庆石油地产、大连海昌、山东鲁能、上海复地、绿地、富力地产等知名开发商相继进入重庆。2007年年初的数据表明，在重庆的港资企业有250多家，投资总额为29.4亿元。投资总额在3000万美元以上的港资企业就有18家，其中除李嘉诚的和记黄埔之外，还有瑞安集团、香江高科和庆隆物业等著名房地产集团。

李嘉诚在重庆期间，曾与时任市长有过一次推心置腹的谈话。事后这位市长掩不住激动的心情，以兴奋的口吻对记者说："李嘉诚先生在重庆时对我亲口表示，他在内地虽然有很多地方都有投资，可是让他最得意、最成功、盈利率最高的投资就是在重庆。"

此外，李嘉诚不仅在重庆有着大量房地产开发项目，还在重庆投资和参股了《电脑报》和重庆汤姆传媒。

古城西安，也是李嘉诚西部行的又一个投资重镇。当年李嘉诚来到西安时看好的几个项目，在他回到香港以后，很快也开始进入投资前的考察与洽谈程序。

至2006年，和记黄埔和在港招商的西安市浐灞河管委会已经正式签订了合作意向书，他们合作的宗旨是共同开发位于西安浐灞半岛内的综合性商住项目。这是李嘉诚在西安市问鼎的第一个大型项目。

这正如李嘉诚表示：

没有谁比他更了解中国的西部潜力，没有谁比他更信任他的和记黄埔地产集团。这只是初步的拓展，我相信大西北和大西南的潜力是无尽的。在现有的项目取得成果以后，我们还会有新的部署！

"吃定"春天，相信未来

2004年7月，广州申亚成功，广州市政府发布了一个消息，在谈到广州亚运村建设规划时，表示有意与房地产商合作开发这个项目。广州市为筹办2010年亚运会，预计兴建12个大型建筑项目，总投资额将近5亿美元，其中将投资2亿美元兴建亚运村。

亚运村所在位置将毗邻亚运会主会场区，总规划占地280万平方米，包括广州广氮集团原厂区用地，以及其东边的建材市场和培英中专、北面的马鞍山、海军农场和南边的车陂村、沐陂村、棠东村等地块。其中，广氮地块是广州2010年亚运会的初选地块，也是亚运会规划用地的中心地块，可谓地王中的地王。

这对于李嘉诚来说，广州是"近水楼台先得月"之地，与他的老巢香港仅咫尺之遥，卧榻之旁，岂能置之不理？房地产是他的老本行，驾轻就熟，做起来得心应手，而广州的房地产市场已发展得十分成熟，正可以让他大展拳脚。

早在2003年中，一直备受市场关注的和记黄埔广州市区南边的大石临江豪宅项目，被正式命名为"珊瑚湾畔"。该项目将以别墅作为主打，另外再配合少部分低层洋房，整个项目预计在5年内完成。在户型设计上，由于目标客户定位于广州的高收入阶层，因此将会推出多种面积的户型选择，希望能通过户型设置，将目标客户群一网打尽。

"珊瑚湾畔"位于华南板块。按照规划，广州地铁3号线从市区中心直贯此区域。地铁3号线已进入热火朝天的施工，工程动工规模不断扩大，华南板块从前的美好规划逐渐变成现实，在很大程度上为买家注入了华南板块发展前景大好的强心剂，将会起到很好的销售拉动作用。

广州市规划局又正式公布了广州至番禺的全新快速路规划——新光快速路，并在2003年下半年开始动工。此消息一出，又使华南板块受益不小。在汽车开始大规模进入普通家庭的前提下，新光快速路的出现，无疑扫清了诸多有意在华南板块买楼，却又担心未来道路交通跟不上汽车增长的买家的顾虑，再次提升了华南板块楼盘的市场竞争力与关注度。除此之外，万众瞩目的大学城和南沙开发区，也带动了相邻的华南板块的关注度。

无论如何，在大盘名盘汇集的华南板块，李嘉诚的加入将使该区域的房地产市场更是如虎添翼，风生水起。

为了推出"珊瑚湾畔"，抢夺广州豪宅市场，和黄做足了准备工夫。2003年10月间，和黄地产集团邀请广州各界媒体30多位楼市记者光临东莞厚街风景宜人的环岗湖畔，鉴赏其悉心打造的北美式豪华高尔夫湖畔别墅"倚湖名居"，参观独具欧美风情的豪华示范别墅，领略国际锦标级的高尔夫球场气魄。

"倚湖名居"的售价每平方米已超过10000元。和黄一直致力于发展大型的高素质的地产项目，在内地的房地产项目已达20多个，"倚湖名居"只是和黄在内地房地产业布下的一粒棋子而已。

和黄之意不在"倚湖名居"，而在"珊瑚湾畔"。

20世纪90年代初开始在东莞建造并引起轰动的海逸豪庭为其第一代别墅，融会北美最新豪宅建设理念的"倚湖名居"是第二代别墅；而在广州兴建的豪宅旗舰项目"珊瑚湾畔"是第三代别墅，将建设成为广州乃至中国新一代豪华住宅的典范，全面提升了"珊瑚湾畔"的开发理念和建筑产品。

"珊瑚湾畔"在2004年5月的"五一"黄金周闪亮登场，包括60多栋面积在280平方米至600平方米之间的独立别墅，及200多套面积在230平方米至280平方米之间的叠加式别墅。

这期间，该楼盘参加了在广州体育馆举行的"第二届广州汽车嘉年华"，现场除设展位详细介绍楼盘项目，还设专车接载客人，当仁不让地在别人的地头上拉客参观其全新示范别墅。人气旺盛之下，"珊瑚湾畔"使出了临江别墅封盘提价的招数。

"珊瑚湾畔"的销售负责人透露，最受客户欢迎的部分临江豪华尊贵别墅由于货量稀缺，认购反应热烈，在很大程度上推动"珊瑚湾畔"的价格不断走高。

从销售现场的客户反映显示，"珊瑚湾畔"之所以受到众多豪宅客户的青睐，除了发展商的实力与品牌效应外，"珊瑚湾畔"独特的江景地理优势与创新设计，使其成为新一轮豪宅客户换楼的首选。李嘉诚大手笔出击广州楼市，气势非凡，大大地露了一脸。

在广州，李嘉诚还把触手伸向了玩具业，出资9亿元打造黄埔玩具城。

2004年年初，广州国际玩具城才奠基，李嘉诚7月份就拍板入股，由其旗下的香港长江实业、和记黄埔联合广州国际玩具中心有限公司，合资成立了广州国际玩具城有限公司，总投资15亿元人民币；长江实业、和记黄埔各注资4.5亿元，各占有30%的股份，合共占6成股份，以控股形式共同投资运营建设。

玩具城全面交付使用后，成为世界最大的玩具礼品商流中心。2004年8月，"中国（上海）第八届国际玩具展暨上海第三十九届玩具博览会"在上海国际展览中心开幕，广州国际玩具礼品城包了3个展位，首次向上海观众亮相。

据袁添鸿介绍，这个总体投资达到15亿元的项目，在其完全出售之后将赢得15亿元的利润；长和入股广州国际玩具城后，借着场内每年百亿元的玩具礼品批销额，将有力拉动长和在广州的物流及商业项目发展，这背后是一幅中国"玩具业龙头"的宏图。

2007年12月，李嘉诚决定投资Facebook。根据其融资计划测算的估值高达150亿美元，而且被Facebook不断增长的用户群及其在移动领域的业务前景所吸引，李嘉诚很快就同意投资1.2亿美元买下Facebook的0.8%股份；并在此之后，考虑到

Facebook上市后的市值势必突破1000亿美元,他又追加了投资。

对Facebook的投资,只不过是李嘉诚在高科技领域一系列回报丰厚的投资中最突出的一个例子。维港投资曾经在2005年投资过Skype,后来这家亏损的公司被电子港湾以25亿美元收购。他还向Siri投资过750万美元,一年后的2010年,这家公司被苹果公司收购。他还投资了音乐网站、众包汽车导航服务公司和防水技术公司。

据说,李嘉诚寄望于大儿子李泽钜。他说:"从他小时候起,我就一直在以身作则,教育他如何成为一名领袖。"作为我们这个时代最伟大的企业帝国缔造者之一,李嘉诚不断向世界各地的新领域拓展生意。

2010年,他旗下的长江基建进行了自成立以来最大规模的一宗收购,以91亿美元的价格收购了英国电网公司,后者向英国约800万人口供应电力。不到一年后,他又收购了诺森伯兰水务公司。这家公司向英格兰的450万居民提供清洁饮用水,另外还为270万人处理污水。作为欧洲最大的移动运营商之一,他旗下的和记黄埔在2月份斥资17亿美元收购了奥地利第三大移动通信公司。

作为香港地产巨头,李嘉诚在北京的发展却不尽如人意。坐落在长安街上的东方广场一度被业内人士批评为"一项失败的投资";位于东四环、东五环之间号称"CBD后花园"的东坝项目意向协议至今仍然没眉目,甚至有传闻说,和黄地产已经在该项目中"出局"了。

世界名人传记文库 | 157

但是，这种局面在2004年似乎有转机：东方广场在清退小租户后，租金大幅上调。而"春天"的投资方也爆出有长江实业资金背景，而且一期投资计划就要达到20亿元。在这个建筑面积达600万平方米的项目中，长实与和黄共占了1/3的股权，其他合作伙伴中包括了中国银行、中国保险等实力派。

东方广场1993年动工，至2003年才最后真正完工，比原计划推迟了两年。一个未经证实的消息称，原因是为了符合北京市的规划要求，东方广场不得不修改设计，将整个建筑高度降低了30%，分建成11座不相连建筑物。

业内人士还指出，东方广场的经营，出租率相当低，收回投资的时间遥遥无期。目前，东方广场商场东方新天地自2000年试营业以来，营运业绩一路攀升，成为几十家一线品牌的聚集地。据东城区地税部门统计，2003年东方广场纳税增长率高达两位数。

东方新天地总经理谭祐华先生表示，东方新天地的成功营运，证明他们在租户组合、管理和持续的创新宣传推广活动等方面做到了精益求精。

据了解，著名品牌设在东方新天地内的专卖店在2003年春节期间销售额位居全国之冠。"东方新天地"商场的出租率已经超过95%，更有些店面的月租金已经达到每平方米260美元；2004年租金上调20%左右，个别增幅更达50%。

具有戏剧性的是，作为王府井商业联合会副会长的春天商业总经理尹铁铮曾经批评过东方广场的选址不当，但此次春天的投资方中国商业发展建设公司，其资金背景却是李嘉诚旗下的长江实业。这笔投资的数额目前虽然没有明确，但很可能按需投入，可见李嘉诚已经是吃定春天了。

尽管进军内地已有10年，但和黄地产的运作思路，还有点不适应。比如项目定位不符合国内消费者的习惯。一位房地产分析员举例说："深圳的黄埔雅苑，每套单元的面积平均100平方米，这在寸土寸金的香港可能非常受欢迎，但在内地就很难说。"

尽管如此，和记黄埔在北京非但没有退缩，反而有发力迹象。和黄地产的陈敏透露，和黄将加大在北京投资房地产的力度。2011年岁末，面对限购政策放松无望，大房企纷纷转战二三线城市，但在香港地产大鳄李嘉诚的眼中，似乎唯独对内地一线城市情有独钟。

2012年3月，李嘉诚接受福布斯上海分社社长范鲁贤的专访，交流了对于全球政治经济甚至科技大势的判断，他表示继续看好中国经济局势。对于内地房地产，李嘉诚表示速度会慢一些，但将继续购入。

尽管外界有很多对中国经济发展的忧虑，但李嘉诚仍然坚信，"中国的GDP还是可以保持在6%至8%的增长。例如去年的经济表现是不错的，出口和入口的数字增长虽然没有以前的那么大，但仍然是可以上升；一般工人工资提高了，通胀低于工资的增长，这样社会便可以较为安定。我相信这是今天中国领导人喜欢看见的，国民的购买力也增强。

"我们集团在内地经营包括货柜码头、基建、零售、地产项目，所有项目发展差不多100%是运用本身的资金，虽然有银行贷款，但存款的数目更多一点，没有资金压力。集团的内地房地产发展不错，而且没有资金压力。我看到中国的农村人口移向城市就业，1年大约有1000万人，10年后便有1亿人，一般的工资比做农民的高很多，未来10年的工资会继续增加，我估计是双位数字的增幅。至于住屋问题，将来还是有需求，地产业务获得的盈利不是天文数字，仍属于合理的利润。"在李嘉诚看来，香港的建筑即使经济环境不太好，楼市价格也不会跌太多。

慷慨捐资，报效桑梓

从 1978 年年底开始，李嘉诚先后为家乡故里连续做了多件好事。

1978 年至 1986 年，他捐资 590 万余港元，在潮州市赠建住宅楼宇两处共 9 幢，建筑面积为 12529 平方米，安排户数 250 户。

1980 年间，李嘉诚捐资 2200 万港元，用于兴建潮安县医院和潮州市医院，大大改善了潮州医疗条件。其后，李嘉诚积极响应市政府发起的募捐兴建韩江大桥活动，捐款 450 万港元，名列榜首。

与此同时，李嘉诚还多次捐善款，资助家乡有关部门设立医疗、体育、教育的研究与奖励基金会，每笔数额 10 港元至 150 万港元不等。因为捐赠次数太多，估计李嘉诚自己也记不太清楚了。但家乡人是永远不会忘记他的。

1978 年 9 月底，李嘉诚作为港澳观礼团的成员，应邀到北京参加国庆典礼。这是李嘉诚逃避战乱远走他乡 39 年第一次踏上祖国内地的土地。当时的李嘉诚，已是香港颇有名气的实业家，正处于迈上本港巨富"三级跳"的助跑阶段。除了有关官员，北京知道李嘉诚的人并不多。

李嘉诚想，我该为祖国、为家乡做些什么？

1979年，李嘉诚回到阔别40年的家乡。当晚，在潮州市政府举行的茶话会上，李嘉诚饱含泪水，深情地说："我是1939年潮州沦陷的时候随家人离开家乡的，到今天已经有整整40年了。40年后的今天，我第一次踏上我思念已久的故乡的土壤，虽然一路上我给自己做了心理准备，我知道僻远的家乡与灯红酒绿的香港相比，肯定是有距离的，但是我绝对没想到距离会是这么大。

"就在我刚下车的时候，我看到站在道路两边欢迎我归来的、我的衣衫褴褛的父老乡亲们，我心里很不好受。我心痛得不想说话，也什么都说不出来。说真的，那一刻，我真想哭……"

当李嘉诚了解到1000多万人口的潮汕地区居然还没有一所像样的大学时，他急了：没有大量的建设人才，家乡的落后面貌怎能改变？

这一年，李嘉诚主动多次找到香港南洋商业银行董事长、德高望重的庄世平先生，表达自己为祖国教育事业尽力的心愿，反复商议关于创建汕头大学的事。

庄世平将李嘉诚的决心和意愿向中央、广东省的领导人作了报告，并很快取得了国家领导人的首肯和支持。

1980年5月，汕头大学筹备委员会在广州成立，主任是广东省委书记吴南生。同年12月，吴南生、李嘉诚、庄世平、蚁美厚等一行，专门莅汕，会同汕头地委、专署及汕头市委、市政府有关领导，对建校校址进行了认真的研究、选择和讨论。翌年4月，汕头大学的筹建工作开始密锣紧鼓地进行。

大学创建时期，条件相当艰苦。住房简旧且多年失修。电力供应不足，往往到了夜里22时就断电，要凭借蜡烛和煤油灯照亮。基本没有自来水而靠提汲井水。那时从市区到校区还没有直达公路，泥土路面大多坎坷不平。除由李嘉诚先生给筹委会办公室初步提供的一辆面包车和24辆中巴外，风尘仆仆的创业人员多靠蹬自行车或乘坐租借的敞篷货车上下班或联系工作。而在筹建校区内没有商店，附近只有几个农家小贩在卖些零食之类的。电话只有一两部，并且使用中还经常掉线。

1983年，香港受世界经济危机周期的影响，长江实业有限公司业绩不佳，社会上纷纷猜测汕大校建会流产。

紧要时刻，李嘉诚说话了："就是卖掉办公大楼，我也一定要把汕大办起来！"

消息传来，筹建人员信心倍增，劲头鼓得更足。广东省高教厅大力支持边建校边招生的办学计划。中文、外语、法律、医疗等专业决定首批招生。建校总体规划审定后，由北京有色金属冶金设计院和汕大基建组联合提供了施工图纸。

通过"招标"方式，确定汕大由广东省第二建筑工程公司承建。创建汕头大学的第一期建校工程，终于在1983年10月10日正式开始了！

11月，在汕大首期建校工程开工之后不久，他又考虑到汕大与世界各国的大学进行学术交流问题。李嘉诚又另外捐资2000万港元，成立香港李嘉诚汕头大学基金会有限公司，为汕大发展国际上的学术交流及派遣出国留学生提供资金。后来，根据建校工程需要和办学需要，李嘉诚不断增加捐款，保证有充足的资金支持。

1983年12月31日，李嘉诚出席"汕头大学奠基典礼庆祝大会"并于1984年元旦出席"奠基典礼剪彩仪式"。李嘉诚坦率地对当时国务院高等教育部负责人说："我的事业可以破产，但是为了四化培养人才，汕头大学一定要办好！""汕大要办成一流大学。教授要有真才实学，行政人员也要精明能干。学校结构要少而精，工作要讲究效率。"

几经艰苦奋战，汕头大学首期建校工程在1986年5月宣告胜利完成，质量和速度都创下了"全国第一"！

也就是这年，香港经济渡过危机之后，李嘉诚决心继续推进汕头大学的加速发展，并写信给邓小平，表达了自己的意愿和要求。6月20日，邓小平在北京人民大会堂接见了李嘉诚先生。

邓小平对李嘉诚近几年来为祖国所做出的"扎扎实实的贡献"，表示了感谢，并对李嘉诚的"爱国精神表示了由衷的赞赏"。

邓小平一言九鼎，语重如山。邓小平接见李嘉诚的新闻，立即轰动神州，举世瞩目。广东省政协主席、汕大筹委会主任吴南生，在读到邓小平接见李嘉诚的新闻后，即驰电致李嘉诚先生。

电函称：

> 先生热爱祖国，关心四化，以破釜沉舟之精神，独力捐资兴办汕头大学，高瞻远瞩，世人同钦。

今又得国家领导人之赞誉与支持，更令人感慰无限。本人及汕大筹委会同仁，当与先生同心协力，建设汕大，以臻于成。

汕大校园沸腾起来了。教职员工们议论的中心，都集中到如何把汕大办得更开放这些方面来。

这一年的6月26至27日，国家教委在广州主持召开了全国八院校支援汕头大学师资的工作会议，作了具体部署，确定对口支援汕大师资的有中国人民大学、复旦大学、南京大学、东南大学、厦门大学、中山医科大学、中山大学、华南理工学院8所大学。

随后，国家教委商定对口支援汕大30至40名教授、副教授；系主任或学科带头人，充实并加强汕大师资队伍。同时汕大也向全国公开招聘教师，努力组建一支知识化、科技化和年轻化的师资力量，为汕大打下坚实的基础。

中共广东省委、广东省政府也及时调整加强了汕大领导班子力量，选派杨应群任汕大第二任校长，林川仍为党委书记，许涤新为名誉校长。汕大进入了新的发展时期。

李嘉诚的芳名从此家喻户晓，广为传颂。为了适应新形势下的新要求，汕头市政府也相应成立了汕头市支援汕大委员会，由市长任主任、副市长为副主任。市政府在教育经费困难情况下，决定从1987年起，每年支援汕大200万元教育经费。

李嘉诚从汕大进入发展新阶段起，又就汕大的建设与发展问题提出了新要求。1986年10月7日至9日，他第四次做汕大之行,落实邓小平关于"汕大要办得更加开放些"的指示。

他还极力争取国家教育委员会对汕大的支持和关心。

1987年2月,国家教委的专员黄辛白到香港会晤李嘉诚时,李嘉诚再次向黄辛白表示:

> 为了办好汕大,我什么都肯做。做的工作不仅是100%,而是101%。等汕大的一切走上正轨后,我会放手在别的地方做第二件、第三件、第四件事情。一辈子做对中国人有益的事,乃是我的基本宿愿。

很快,汕大的教师队伍建设、教学质量、科研工作和校风建设上,以及汕大在为特区经济的发展服务上,都有了长足的进步。

随着时机的成熟,汕头大学校董会于1987年2月10日成立,并试行校长负责制。李嘉诚被推举为校董会名誉主席,吴南生为主席,庄世平、黄丽松、林川、林兴胜为副主席。

关于校董会的宗旨,李嘉诚作了郑重的申明:

> 汕大校董会的成立,旨在协助国家贯彻德智体全面发展的教育方针,协助促进汕大的改革开放。并强调必须依循两大原则:其一,所有开放及创新之建议须配合国家及省、市之领导政策;其二,所有方针皆以能配合开放及创新,并于短期内办好汕大为目标。

李嘉诚希望,起步已慢的汕大奋起直追,以逐步缩小与国际名学府的差距。这次李嘉诚出席汕大校董会成立之行，是他第五次莅临汕大。当时他身体有些不舒服，正患感冒和胃痛，他仍然打着十二分精神专心致志地研究着汕大的前进与发展。

李嘉诚意味深长地说："汕大的事，始终摆在我一切事业的首位。凡是汕大要办的事，我随叫随到，今天叫，明天到。"

李嘉诚的精神风貌和肺腑之言，给汕大的教职员工们带来了巨大的激励、鼓舞、鞭策和推动力量。

1987年，李嘉诚分别在英国格拉斯哥大学和香港大学设立奖学金，为汕头大学培养年轻教师，使汕头大学的教师队伍后继有人。

扶弱助困投资医疗

1980年春,庄世平参观汕头医专附属医院时,发现这里的仪器很不够,而且很落后。

回香港后,他便与李嘉诚谈到此事,李嘉诚表达了强烈的关注。因为李嘉诚曾经历由于贫穷、由于缺医少药而亲人过早离世的悲剧,所以李嘉诚对发展文教医疗卫生事业深有感悟:"一个人如果得了病,得不到好的治疗,有时甚至会丧失劳动力,会增加家庭的负担,增加对社会的负担,本人艰苦、家庭艰苦,社会也艰苦。"

据悉,医院所报购进仪器项目仅需人民币200万元左右。李嘉诚却一下子赞助了500万港元。汕头医专及其附属医院靠李嘉诚的赞助,引进了110多项先进仪器设备,顿时大大提高了医疗质量,扩大了诊治项目,医护人员感到"有用武之地",促进了积极性的发挥。医院也旧貌换新颜!

继李嘉诚1980年在潮州捐巨资修建潮州医院、潮安医院后,他又一次找庄老商量，打算在其他省份的县城所在地，按县级医院标准，再捐建两三所像潮州医院一样规格的医院，使当地人民的健康得到保障。1983年8月29日，中央教育部派员到汕头医专检查并评估工作。经国务院批准，汕头医学专科学校及其附属医院遂于1983年9月升格为汕大医学院。

在李嘉诚的大力支持下，汕大医学院新建附属一医院于1987年5月14日破土动工。在1988年1月7日至9日，李嘉诚第六次莅校期间，他强调："学校工作要唯贤是用。要加强管理，要提高效率，要培养一流医生。要为潮汕人民造福。"

为了让教职员工们能"专心致志，以事其业"，集中力量，办好汕大，给教职员工、学生发放"敬业金"、"奖学金"的同时，还给学校提供了一笔可观的经常项目维修费用。

他还设置了一个关于汕大的工作班子，每周两次专门讨论汕头大学的工作。工作班子有14人，由长实董事局主席办公室副经理温绩专负其职，分管校董会、校政、财务、基建、设备、敬业金、教师进修留学、国际学术交流等工作。该工作班子发挥了助手作用，很好地进行了上下沟通。

1988年，国家教育委员会发出《关于上海第二医科大学支援汕头大学医学院及附属医院的通知》。通过两校全方位的合作，使得汕大医学院及其附属医院符合五年制本科的合格标准，并逐步接近或达到上海二医大的办学水平。对此，李嘉诚深表满意。

1988年7月，李嘉诚顶着逼人的暑气和高温，一下飞机就前往巡视正在进行内部装修的新建附属一院。

整座医院总用地面积为59.4亩，实际用地面积为48.3亩。

其工程总体设计，吸取外国先进医院的建筑经验，既考虑到满足医疗、教学任务的需要，也充分考虑到当代突飞猛进的医疗技术发展的需要。

李嘉诚对汕大医学院新建附属一院寄予很大期望，基建费用及引进先进仪器设备费用投资超过一亿港元。

他所寄望的是："这所医院要能实实在在地发挥作用，能培养出一流的医科学生，能多为潮汕人民造福！要用好仪器，不要浪费！"

他还强调："要与上海二医大搞好协作。要认真进行改革，培养好师资，努力提高教学、科研、医疗质量。要在较短时间内达到高规格水平，为国家培养出一批批好医生，给人们带来健康、带来福利！"他还一再叮咛："要让所有的医护人员都能安居乐业，让他们爱我们的医院、爱我们的事业，为造福潮汕人民作贡献！"

在李嘉诚的直接关怀下，新建附属一院在1989年顺利乔迁并正式开业。汕大医学院成立后，将肿瘤研究及防治确立为自己今后攻克的重点课题，特别在潮汕地区尤以攻克鼻咽癌、食道癌为主要课题。

医学院先后建立起中心实验室，引进新式精密仪器，实行对外开放，为振兴潮汕地区的经济服务；并与南澳县合作实行横向科研联合，积极开展南澳的肿瘤防治工作。健全三级防癌网，努力促进关于肿瘤的早发现、早诊断、早治疗工作，并筹建了肿瘤病因研究室。

1990年2月8日，粤东地区近2000万父老渴慕已久的汕头大学落成典礼举行。前来参加庆典的有近2000人。李嘉诚带着大公子李泽钜、二公子李泽楷和香港长江实业（集团）有限公司的高级助手高高兴兴地前来参加这个庆典。国务院领导同志同李嘉诚先生一起，在庆典仪式上共同揭开了披在叶剑英所题写的"汕头大学"校牌上的大红绸子。

庆祝大会由汕头大学党委书记杨应群主持。在汕头大学落成庆祝大会上，国务院领导同志高度赞扬了李嘉诚支持祖国教育事业的爱国精神。当天中午，新建的汕大医学院第一附属医院，也举行了盛大落成庆典剪彩仪式。

吴南生曾撰《汕头大学建校纪略》以志之，碑石前面镌刻着汕头大学校风"团结、勤奋、求实、创新"金色大字。

在汕头大学落成庆典大会上，李嘉诚郑重指出：

> 我认为汕头大学的设立，不是为了造就个人的成功，也不全为了汕头地区的利益，而是属于整个国家民族的事业。我希望它的设立，能为国家的教育前途做出好的开始，将来还会有千千万万座培育人才的学府出现，使国家的文化科学生机勃勃，民族的机运欣欣向荣。

1991年12月20日，李嘉诚发传真信件给汕头大学校方：

> 只要汕大很好发展，逐步办成有水平的大学，我对汕大的支持是没有止境的。我别无所求，只求为祖国为

民族为家乡的教育事业作出贡献。汕大的事业是我的终身事业，我对它充满信心。

希望大家同心协力，把汕大的事业搞得更好。希望汕大全体同仁共同努力，配合汕头经济特区之发展及国家需要，多育英才，取得更大成就。

至1992年秋，汕头大学还举办了多种专修班和夜大学。汕头大学与国际上10所国际一流大学建立了校际协作关系，聘请了数十名国际知名学者为名誉教授、客座教授。先后接受了来自港、澳、台、日本、朝鲜、泰国、新加坡、美国等的留学生、进修生百余名。许多学术成果受到有关方面的肯定和好评。

汕头大学图书馆藏书达73万多册。学校拥有电教中心、计算机中心、管理信息中心和70多个实验室。汕大的计算机中心配备有ELXSI—6400和MteROVAX—H计算机各一台，并带74台终端机，已与香港大学的计算机联网。

汕大在1992年春还建立了中国语言文化学院。它是经国家教育委员会同意建立的对外汉语教学基地，以接纳各国学员来这里攻读汉语以及中国文史、中国文化方面的课程，并为国外前来进修的汉语教师提供帮助和服务。

李嘉诚发展祖国医疗卫生事业的另一项贡献，便是创建汕头大学精神卫生中心。这项事业原是由汕头大学副校长、汕大医学院第一任院长、国际知名的精神病学专家伍正谊教授倡议建立的。它位于汕大校本部西侧。建立精神卫生中心的主要目的，在于改革国内对精神病的治疗、预防及管理，以探索出一条具有中国特色的精神卫生道路。

该中心自开办以来,已初具规模,组建了一支技术队伍,成立了精神医学教研室,做到了教学、科研、医疗三结合,成为国内高等医学院校的第一所精神科附属医院。其医疗的新型模式,已引起国内外同行的赞扬和关注。

该中心的治疗总有效率达到95.6%,治愈率达到40%以上,受到病人家属的广泛好评。李嘉诚先生曾数次到精神卫生中心巡视工作,探望工作人员和病人,还曾专程上门拜访伍正谊教授夫妇。他衷心感谢伍正谊教授做了一项很有意义的工作,还敬祝他老人家"健康长寿,多作贡献!"

在香港,曾有一些好心的朋友劝说李嘉诚道:"办一所大学是一个无底洞!""您这样关心汕大,一再追加捐款,这无疑是把一根'金棒'打入地下了!"

对此,李嘉诚只一笑了之。为提高医疗技术,更好地服务社会,汕头大学医学院附属二院在1992年秋又引进了美国的大型高级医疗设备——核磁共振仪器。

许多时候,李嘉诚尽管工作严重超负荷,但他始终把兴办汕大的事业放在第一位。每年都要安排出两次时间到汕大巡视工作,会见教职员工代表,倾听他们关于办好汕大的意见和要求。有时他还亲自阅读教职员工的来信,直接了解他们的意见及要求,倾听他们的声音。有时他还要约见汕大校方的负责人,或会见国家教育委员会的领导人和官员。

李嘉诚每到欧、美、澳各国洽谈商务,紧张繁忙工作之余,他总要安排时间去访问当地的知名大学,学习他们的办学、管理经验，而后以"拿来主义"的方法供办汕大的同事们参考，还为汕大积极做了许多关于引进外籍教师，参加国际学术会议，派遣教师出国留学、进修、访问讲学等联系，安排工作。他对汕大的14个系（院）18个专业的特性都有一定程度的了解。

李嘉诚为汕大的每一个进步、发展、成绩，都欢欣过、激动过、兴奋过，为国家、社会、海内外人士对汕大的每一个支持衷心地感激过。但他也曾一再地提醒过：

> 我们不要搞表面文章。菊花的外表是很美的，但要从根部培植好。我们的工作也要扎扎实实地从内部去搞好，不要单看外表。

李嘉诚用执着的爱心培育了汕大这颗创造智慧、实现智慧的太阳，这颗放射出万丈光芒的太阳。汕大锲而不舍地向他的祖国、他的故乡走来。

寄望西部，情系中华

1990年，李嘉诚去北京办事期间，恰逢亚运会集资。北京市副市长张百发请李嘉诚赴宴，席间聊到亚运集资问题，李嘉诚马上拿出支票，填写1000万元的金额。

在递给张百发的时候，李嘉诚很谦虚地连声说："不好意思，实在不好意思。"

张百发本以为为中国教育事业已捐资6亿元的李嘉诚此次能捐出100万元就相当不错了，没想到嘉诚一下子就捐出了1000万元。

当负责亚运集资的张百发拿到支票时，高兴得紧紧握住李嘉诚的手。他更加为亚运成功地举办充满信心，也为中国有像李嘉诚这样充满赤子之心的有识之士感到由衷自豪。

1991年7月，中国大陆华东一带受到罕见涝害威胁，灾情十分严重。香港各界纷纷解囊捐款，赈济灾区，以表休戚与共之情。而此时李嘉诚先生华东赈灾的义举，再一次轰动神州大地并传至海外。

据中国国际减灾十年委员会秘书长陈虹在1991年7月11日于北京召开的中外记者新闻发布会上的情况介绍，1991年上半年，特别是五六月份以来，中国已有18个省、自治区、直辖市发生水灾，5个省、自治区发生严重旱灾。截止到7月5日，全国已因灾死亡1270人。全国灾害最重、损失最大的是安徽和江苏两省。据初步统计，安徽全省受灾人口达4800多万人，占全省总人口近70%，因灾死亡267人，农作物受灾面积430多万公顷，各项直接经济损失近70亿元。

江苏全省受灾人口达4200多万人，占全省总人口的62%，因灾死亡164人，农作物受灾面积300万公顷，各项直接经济损失90亿元人民币。由于灾害造成的损失大、范围广，无家可归者百万之巨，并已有灾民因疫情而患肠道疾病和疟疾等，大量的公路、桥梁等设施急需修复。完成上述救灾任务需要两亿多美元和各种物资器材。

中国政府紧急呼吁联合国有关机构、各国政府、国际组织，以及国际社会各有关方面，向中国安徽、江苏两省灾区提供人道主义的救灾援助。

李嘉诚得到关于"安徽、江苏地区遇上百年未见洪峰，灾情特别严重"等信息后，他的心情很沉重，便密切地关注着灾区的情况。

曾私下对老朋友许伟先生谈道，"好几个夜晚我都睡不好觉！"他是在7月12日清晨6时听到了香港电视台播放的"中国政府的紧急呼吁"的新闻报道后，证实了有关消息。

李嘉诚顾不上把早餐吃完，当即拨通电话，与四大公司的负责人联系并取得一致共识，并以急切的声音指示秘书："你赶快到新华社香港分社去！找到任何一位社长都行。我只要求见他5分钟。如果他很忙，就算站着5分钟说说话也行！"

鲍经理马上按李嘉诚的吩咐，立即驱车前往新华社香港分社完成了联络工作。李嘉诚以属下四大公司名义，带头捐款5000万港元，赈助华东灾区。

李嘉诚派出秘书在当天下午15时前将总值5000万港元的4张支票送到了新华社香港分社，并附上一封给新华社香港分社的亲笔签名信。

李嘉诚的信这样写道：

　　作为一个身居香港的中国人，本人认为应较其他国家率先做出实际支援，希望可带来一个迅速引导作用。

　　本人谨代表集团四家上市公司附上赈灾支票4张，共港币5000万元。请两位社长与有关部门联系，以最高效率及最佳方法，达至最好之成果。

在那天中午，就有许多消息灵通记者采访李嘉诚，要他谈谈对"中国政府紧急呼吁"的反应。

李嘉诚回答说：

　　过去，对公益事业，我一般以私人名义去做。这次，以公司的名义，则别有深一层的意义。作为以中国股东为主的香港公司,应该用最快的时间对中国的紧急呼吁做出反应。中国人要比外国人更快、更自觉地做这件事情!我希望借这一快速反应,能起到一点引导作用。

我们捐出的钱,和国家所需要的数目相差还很大,但希望小小的贡献能起一点好作用。我们只有这一个目的。

希望天气快些好转。希望灾区的情况早日好起来!

李嘉诚发自内心地说:"生命对于人来说只有一次。在我的有生之年,如果能为人类作出一些贡献,那么,我就心满意足死而无憾!"

与此同时,香港的各大财团,各界市民,无不慷慨解囊,奉献爱心。香港市民中呈现了一幅"骨肉情谊,山高水长"的动人场景,再一次强有力地表明,香港市民具有极其浓烈的爱国爱乡精神和炎黄子孙同胞骨肉的深情厚谊,显示了香港无愧是一个强大的爱国基地。

"有钱出钱,有力出力"成为香港市民一个共同的行动口号。香港市民"血浓于水"的真诚,赢得了全世界华人和所有充满爱心的人们的赞誉。

1991年7月12日那一天,港府立法局财务委员会,也拨款5000万港元赈助中国华东灾区。短短的12天内,全港的赈灾筹款总额达到4.7亿多港元。与此同时,台湾对华东灾区的捐赠也超过了300万美元。澳门的捐赠也超过了2000万澳币。联合国先后收到的国外捐赠总额也达到5400多万港元。李嘉诚的带头捐赠行动，产生了良好的连锁性的轰动效应。

2001年旧历春节刚过不久，李嘉诚就开始远途旅行。中国的西部虽然在经济发展上有些滞后，但李嘉诚深知，在这片广袤的大地上正孕育着无限的潜力，而有些潜力甚至是香港所不具备的。他飞离重庆后，沿着西北的高原继续向纵深地区飞去。

李嘉诚身临西北，他亲眼看到了人们谈虎色变的起伏荒漠和百千米内见不到一户人家的荒凉高原，不得不叹息一声："这里确实是太贫穷了！"

2001年2月24日，他在教育部官员的陪同下，来到了贵州省镇宁布依族苗族自治县。这里是高寒山区，此前从没有到过山区的李嘉诚把秘书在香港为自己准备的大衣披在身上，仍然无法抵御呼啸而起的山风。

教育部官员见状马上吩咐当地政府工作人员，特别为李嘉诚找来一件厚厚的军棉大衣，这样他才感到有些温暖了。当时，李嘉诚在当地干部的陪同下来到一片起伏群山间的石头寨时，出现在他眼前的是一片山峦环绕中的盆地。小镇上的民宅状如香港的"笼屋"，如果说这座山寨里还有一处可以让李嘉诚接受的砖瓦结构的建筑，恐怕就是他投资兴建的中心小学了。

这所小学校处于一幢幢小木楼的包围中，让李嘉诚见了心绪稍安。几年前，"李嘉诚基金会西部中小学现代远程教育工程"刚刚建立的时候，李嘉诚作为这项专用基金的投资者，还没有想到贵州山区的贫困状况会如此严重。

而他关注并指示的基金会至少要出资8000万元，向国内西部地区的12个省区中小学校赠送5000套现代远程教育卫星接收设备。李嘉诚当年的这一指示，完全是出于惯常的捐款程序行事。

那时的他当然还没有机会亲眼看到贵州大山里的小学，更不会与那些从没有走出过大山的孩子们见面。如今当身披军大衣的李嘉诚出现在小学校的操场上时，一大群孩子们都欢呼雀跃地向他跑过来，仿佛李嘉诚就是他们久别的亲人。孩子们站在寒风中欢呼着，让刚才还在为寒冷和贫困而忧虑的李嘉诚露出了欣慰的微笑，也让他回想起自己少年时的打工生涯。

"看到这些孩子，我更加感到来西北的重要了。"李嘉诚说。

经过李嘉诚与教育部领导的共同协商，李嘉诚基金会马上启动现代远程教育扶贫示范工程，将在西部地区建立1000个接收中国教育卫星多媒体宽带广播的教学点，使10000所中小学校能运用这些设施提高教育质量。

当时，李嘉诚相信自己的基金会一定会把他对山区孩子们许下的诺言一丝不苟地落到实处。果然，距此3年以后，李嘉诚的这一为贫寒孩子们设计的方案，终于在这片大山里得到了落实。

李嘉诚一行来到青海省。

到了西宁，李嘉诚居然一改他一路上多看少说的准则，应邀前往青海大学对学生代表有过一次面对面的对答式讲话。

李嘉诚之所以破例，一是因为他看了一路，大西北的经济发展、教育现状已经在他的心里有了个大概；二是青海大学的学生们，为了请他到学校的大礼堂去讲演，几天前就自发地组织起一个自愿队，每天粉刷大礼堂的墙壁。

有的女学生甚至还精心地折叠了无数个五彩缤纷的纸花和千纸鹤，表达对李嘉诚的欢迎之意。李嘉诚深受感动，决定在青海大学和学生们开一个小型的座谈会。

李嘉诚在青海大学和学生、教师们座谈的时候，只谈到他在西北地区参访的感受，至于学生们想听的成功与致富的秘诀，李嘉诚却绝口不谈。他不想在刚刚成年的学生们面前以成功者自居，更不希望由于他曾在西北各地捐款而夸夸其谈。无论在何时何地，他处世为人的务实精神始终是不变的。

李嘉诚见到地处祖国西北边陲的青海大学，虽然教学大楼可与内地经济发达地区媲美，但是，在教学设施方面仍然有很大差距。

在与该大学师生们谈到学校高科技教学设施的配套和网络化教学所需的资金时，李嘉诚手举着一只矿泉水瓶子，说道：

> 我李嘉诚喜欢实事求是，有一是一，有二是二。如果我们学校希望教资支援高科技教学的设施，我李嘉诚是可以投资的。不过，我不希望把不必要的资金也列入计划。譬如说这只瓶子的生产只需要5角钱，可是在申请经费的时候却说一定要一块钱，那么就意味着要浪费5角钱。我的行事原则就是，办多少事就花多少钱，千万不要浪费才好。

李嘉诚的严谨行事原则，让全体与会的师生们肃然起敬。李嘉诚又说：

> 并不是我不想掏钱支援，而是我从小就喜欢俭朴。大家也许知道，这些年我在香港建起了许多楼盘，还在

深水湾和浅水湾建起了许多高档别墅。可是，我并不需要住香港最顶尖的豪宅。我现在住的还是1962年我结婚时买的那所房子。不为别的，就为俭朴是美德。

李嘉诚讲完这句话以后，来到省里一位领导面前，仍然举着那只矿泉水瓶子，郑重地表示："如果现在就要我拿出一亿元，我会面不改色的。可是，谁如果在地上丢了一块钱，我就会立刻把它捡起来！"

李嘉诚的话音刚落，鸦雀无声的会议室里顿时响起了一阵雷鸣般的掌声。学生们见到风尘仆仆、远从香港来此的李嘉诚身上仍然穿着很普通的黑色西装，根本就不是人们想象中的名牌，对他的话非常信服。

尽管李嘉诚在青海大学座谈会上讲到了节省开支和费用，可是他离开之前，仍然同意把一笔可观的教育经费马上拨给这所学校。"富而不奢"始终是李嘉诚恪守的行为准则。

生活简朴,教子有方

"人生毋虚度",这是李嘉诚终生遵守的一条座右铭。李嘉诚从潮州流落到香港,从香港走向世界。李嘉诚对事业执着,数十年如一日艰苦奋斗着,从不懈怠。

青少年时期,他曾度过一段"披星戴月上班去,万家灯火返家来"的岁月。他每天用两个"闹钟"来唤醒自己,催促和鞭策自己。他每一个星期上班七天,每天工作十五六个小时,有时甚至忙到连理发的时间都找不到。他从不到电影院,与电影绝缘。他节衣缩食,勤俭度日,但经常从旧书摊上买来旧书旧杂志以增加精神文化营养。

当他成家立业之后,仍然保持艰苦奋斗的美德。他手上带着的日本产的普通电子手表,总要拨前10分钟,以免误事。有很长一段时间他坚持上夜校进修,提高文化知识水平,回家后仍凭借着录音机坚持学习英语。他对有些年轻人打"的士"跑歌厅很有些"不以为然"。

在他成为"地产大王"之后，每天都抓紧利用坐车上下班或办事的空隙，读书读报读文件读资料。他下工地视察，午餐的时候就和工友们一起吃盒饭充饥，他吃得津津有味！而在他成为香港首富、进入世界超级富豪前列之后，艰苦奋斗仍然是他的美德和习惯。

李嘉诚第一次到汕头市，和广东省、汕头市的领导人一起参加选择汕头大学的校址的时候，他身着朴素的中山装，嘴角常带着舒心的微笑，使人觉得他很斯文、随和，也很好亲近。

1983年12月，李嘉诚第二次到汕头，参加汕头大学的奠基典礼庆祝大会和奠基仪式。在嘉宾中有许多国内外知名高等学府的校长、教授、著名经济学家，汕头大学首任校长许涤新先生和广东省委书记、汕大筹委会主任吴南生等到机场迎接李嘉诚先生。

当李嘉诚走下飞机舷梯时，一眼瞥见许涤新校长在迎接他，他立即微笑着快步赶上前去久久地和许涤新校长握着手。那神情动作，活像一个学成归国的学子遇着久别重逢的老师那样欣喜、挚诚。这情景与其说他是一位"叱咤风云"的大企业家，倒不如说他是一位温文尔雅、博学多才的学者更为合适。

在龙湖宾馆大堂，汕头大学秘书组的工作人员向李嘉诚先生递上一本庆典的贵宾签名簿。人们想，作为汕头大学的创建人，他在第一页上面签上自己的名字是当之无愧的。可是，李嘉诚端着贵宾签名簿，从头到尾地翻看了三遍，终于在第三页上面审慎地签下了自己的名字。

李嘉诚虽富可敌国，但他至今仍过着简朴的生活，有时甚至比有些普通人还普通。他经常穿着一套黑色或者深蓝的西装，雪白的衬衣和条纹领带。西装笔挺，很整洁很得体，春夏秋冬几乎都一样。夏天天气热，巡视工地时有时也把西装外衣脱下来。

李嘉诚所着的西装，十有八套是旧的。有时，西装衬里的骑缝线断裂开了，工作一忙起来，也就来不及叫人去缝缀好，碰到急切公务穿起来就走，事后又忘记了这回事。他对衣着并不讲究，只要能大体过得去就行了。其实他现在也并不需要炫耀自己的什么身份了。

人们从没看到李嘉诚披金戴钻。他戴的是普通电子手表，穿的是普通皮鞋。他出门带的小皮箱，也简单得很，装有洗刷用具、内衣睡衣，还有必要的文件。除公司有必要的保安人员外，李嘉诚出门没有一般人所想象的前后左右簇拥着一批"彪形大汉"。不少香港人在机场中有时也遇着过李嘉诚，轻车简从，很随意。

他住的是30多年前在深水湾的那座别墅式楼房，装饰很普通，并非人们想象得那样富丽堂皇。他拥有名贵的座车和游艇，但他却喜欢乘坐普通的轿车，有时也坐的士。每天早晨6时，他喜欢自己开车到高尔夫球场去打球，锻炼身体。早饭后9时上班。节假日也喜欢全家人乘游艇出海，游泳，潜水摄影。

他在公司总部宴会厅宴请客人，通常连水果在内8道菜，碗是小号的碗，分量都是控制的；没有大鱼大肉，只令客人吃到恰到好处，不致胀腹，也绝不会不够吃，更不会浪费。

李嘉诚不抽烟也不饮酒。多年来，他尽量避免参加舞会。后来，朋友们知道他有这么一个习惯，也就不去勉强他了。

1992年4月，在汕头大学学术交流楼的学术厅，面对参加座谈会的许多教授和系主任、处长们，他激动和兴奋地说："我平时是不喝酒的，待汕头大学的改革开放试验取得成绩的那一天，我和大家一起喝酒！"他还强调说："不是喝一杯，而是两杯！"

李嘉诚对自己的生日也并不太看重。对于他来说，亲戚朋友在他生日的时候送来一点小礼品表示表示就很好了。在香港，李嘉诚经常以"一个普通市民的身份"出现。他厌恶名声，不喜欢出风头，不喜欢哗众取宠，不愿意出席剪彩仪式，不喜欢过多地抛头露面。

他懂得谦逊之道，一贯采取低姿态处世。但李嘉诚绝不是一个"吝啬人""刻薄鬼"，他相信"俭以养廉""俭以养德""俭以养身"。至今，李嘉诚还保有很好的身体素质，精力很充沛，不断地开会、讨论、巡视、考察。同时，他是一个很重朋友、重信用、重口碑的人。

1989年，汕头大学医学院附属一医院的院长陈景起教授不幸因病去世。李嘉诚先生莅校后一走进贵宾室，就关切地问起关于陈景起教授的家庭和孩子们还有些什么困难，后事都安排好了没有。所有这些细节，都令人钦佩李嘉诚真诚、务实的为人。

至于李嘉诚在香港和内地数十年来扶危济困的许多动人事例，那更是家喻户晓、老少皆知。李嘉诚先生和庄月明夫人，膝下有两个孩子。

大公子李泽钜，毕业于美国斯坦福大学的土木建筑专业，获土木工程学士学位及结构工程硕士。

1989年，李泽钜成为长江实业（集团）有限公司的执行董事，专职负责处理在加拿大温哥华世界博览会旧址的物业发展。在香港的新闻传媒界，对这位年轻有为、不畏艰难、温文尔雅的富家公子印象很不错，认为他"为人随和，毫无架子"。

二公子李泽楷，也毕业于美国的斯坦福大学，读的却是电脑专业，取得学士学位。他1989年开始担任和黄公司资金管理委员会的董事经理，同时也是和黄电讯及卫星电视管理委员会主席。1990年，"亚洲卫星1号"在中国西昌地区发射，他曾陪同父亲及马世民先生一起前往参观现场发射情况。

1989年7月，他主理卫星电视台管理工作之后，曾接受新闻界的访问。新闻界人士对他的印象是："信心十足，应对裕如，机敏灵活……充分显示他对卫星电视认识的深切认识及才华，令人赞赏。迄今以来，卫星电视台越办越好，收视率很高，颇有成绩。"

在香港企业界，李泽钜、李泽楷被新闻界称誉为"龙兄虎弟"，谓之为已崭露头角。对于孩子，李嘉诚也跟天下父母一样望子成龙。他既有俯首甘为孺子牛般的深挚的父爱，也牢牢记住"子不教，父之过；教不严，师之惰"的中国古训。

为教育、培养好孩子，他并不满足于只给他们提供锦衣玉食，过那"饭来张口，衣来伸手"的生活，而是在严格督促他们兄弟俩勤于学业之外，还尽力给他们创造艰苦锻炼的环境和机会，让李泽钜、李泽楷兄弟远离特殊的氛围，让他们像普通家庭的孩子那样去过那俭朴、清淡的生活。

当孩子进入中学阶段，李嘉诚把他们都送到寄宿学校读书。孩子们中学毕业，李嘉诚又先后送他们去美国上大学。在美国，有钱人的孩子上大学都有私家车,购置一辆小汽车是极普遍的现象。可是,李嘉诚却不让孩子买汽车。

他们兄弟俩在校内就骑自行车,上街时就坐巴士,坐电车。及至后来,李嘉诚的一些朋友去美国办事,亲眼见到泽钜、泽楷兄弟俩不时身负背囊穿行于马路的车流之中,从安全的角度给李嘉诚先生提出了意见,李嘉诚方才答允给孩子们买小汽车。

他的两个孩子在上大学期间,钱是根本不用操心的,父母的供给是充裕的,但他们都懂得节俭和俭朴,有时还去做些勤工俭学的事。他们不时将省下来的钱拿去济助有困难的同学,养成了一种乐于助人的良好品德。

李嘉诚先生还谈到了这样的一件事:"当孩子还小的时候,在节假日,我常常带他们乘游艇出海度假。我对他们的教育是,对生活、对事业要认真,对人生、对事业要诚实,对人要亲切。生意上成功的关键就是信心足。这些都给孩子们很深的印象,也是他们往后成长发展的基础。"

不仅如此,在李泽钜、李泽楷的成长过程中,李嘉诚也注重培养他们的志向。只要一谈到父亲李嘉诚,李泽钜、李泽楷那种尊敬的心情便油然而生,更溢于言表。李嘉诚言传身教、精心培养,严格要求他儿子的同时,也时时刻刻严格要求自己。综观他大半生奋斗生涯,不管是打工时期,还是后来富甲天下之时,他都非常注重自己的行为和形象,从来都是谨慎从事。

为培养儿子们的独立处世能力以及更多地积累商业经验,李嘉诚允许两个儿子在大学毕业后各自在加拿大创业一段时间,以证实自己的才能。李泽钜在加拿大的温哥华开设了一家地产开发公司,而李泽楷则在位于多伦多的加拿大投资银行担任最年轻的合伙人。

直至1990年年初,李嘉诚才将这两位龙兄虎弟召回香港,让他们留在身边,帮助自己,而且继续向他们传授人生经验:"注重自己的名声、努力工作、与人为善、遵守诺言,这些对你们的事业非常有帮助。"

李嘉诚的榜样形象不仅教育了自己的儿子,也教育了公司的员工。

数年前的一个夏天,李泽楷当时大学还未毕业,利用暑假时间在公司打工,曾经半开玩笑地对父亲抱怨说,他是全公司待遇最低的职员。李嘉诚听后,微笑着摇摇头说:"不对吧,爸爸才是呢!"在给李泽钜、李泽楷放"单飞"之前,李嘉诚经常教育儿子们做生意要稳健、重信用、守诺言。

在接受《金融时报》的记者访问时,李嘉诚曾经很坦诚地说:"我喜欢友善的交易,喜欢人家主动来找生意。我常教育我两个儿子,要注意考虑对方的利益,不要占任何人的便宜。"

此外,李嘉诚先生还特别重视培养孩子对祖国、对家乡、对汕头地区、对汕头大学的思想感情。李嘉诚明白,孩子们生于香港,长于香港,又到美国求学多年,但对自己的祖国、自己的家乡、家乡的父老乡亲,以及对父亲创办汕大的事业,却极为陌生且没有认同感。

为了培养孩子具有爱国爱乡的思想感情,一有机会或空隙,他总把孩子带在身边到家乡、到汕头、到汕头大学去走一走。

关于"子承父业",李嘉诚反复强调:"我不会家天下!继承问题还要看看他们是否有能力胜任。"

李泽钜曾表示:他从父亲身上一定要学习到那种待人以诚的哲理,与合作伙伴保持良好的合作关系。

李泽楷则着重谈道:父亲很善于博采众家之所长,提高自己。

兄弟俩都处于事业的起步阶段。

李嘉诚说:"他们的机会是相等的。"

知人善用，光辉灿烂

在人生道路上不断创造奇迹的李嘉诚，他总是能够放手让手下那些了解情况并且能够积极努力的人去干。李嘉诚的真诚与善待下属，令下属对他感恩戴德并继而忠心为他效力。

一直追随李嘉诚左右长达 30 年的盛颂声，直至 1985 年因为举家移民加拿大才离开长江实业；而身为集团公司副董事总经理的元老重臣周千和，则至今仍追随在李嘉诚身边，继续为他出谋划策，开创李氏王国的新气象。

在长江实业发展到相当规模之后，李嘉诚便着手选拔人才和重用人才。他打破东方家族式管理企业的传统格局，构架了一个拥有一流专业水准和超前意识且组织严密的现代化管理团队。

毕业于香港大学、做事干练沉稳的霍建宁，有着杰出的金融头脑和非凡的分析本领；曾经由李嘉诚指定作为长江实业专门培训的人才而被送往英国攻读法律的周年茂，是经营地产的老手，他全面负责李嘉诚长江实业系统的地产发展。

在20世纪60年代末期，长江实业尚未上市之前就作为李嘉诚的秘书，跟随李嘉诚长达21年之久，为李嘉诚的王国立下汗马功劳而且精明能干的"女强人"洪小莲，直至今天仍旧是长江实业的董事。她极得李嘉诚的信任，现在专门为李嘉诚全职负责楼宇销售方面的工作。

李嘉诚重视道义、信用。"一般而言，凡事留个余地；另一方面对人守信用，朋友之间有义气。在今天来说，也许很多人未必相信，但实际上我始终觉得，'义'字是终身用得着的；'恕'字也很重要，要宽恕别人，因为人总是人，人不是神。人不免会有这样那样的错误，可以原谅人的地方，就应该原谅人，凡事留有余地才好。"

早在20世纪60年代初，李嘉诚就已敏锐感觉到中西方文化的差异性和互利性，开始注意回避东方式家族化的企业管理，并在当时就开始大胆起用洋人。

20世纪70年代中期，长江实业集团的规模已扩展得极其庞大，员工人数发展到2000多人。李嘉诚高薪聘请了一位美国人出任总经理，让他负责行政管理工作；而李嘉诚自己则出任主席，但只参与公司重大的决策和重要的业务决定。这之后，公司还聘请了一位美国人为经理，配合原来的200余位基层管理人员，将企业的管理完全提高到国际先进水平。

李嘉诚在逐步实现企业管理国际化的同时，也经常到欧美各国巡回考察，不但从理论上而且从实践上实实在在地了解西方，学习西方。

可以说，李嘉诚今日取得如此巨大的成就，跟他集中西方企业管理之精华、大胆起用洋人是紧密相关的。在很大程度上，这些洋人既出谋献计，又充当"大使"在前方"冲锋陷阵"。

1984年，李嘉诚通过和黄收购了马世民的公司，将当时名不见经传的马世民提升为和记黄埔董事总经理，大胆安排马世民担当李嘉诚远征西方的代表，出任嘉宏国际和"香港电灯"董事局主席。

在李嘉诚所重用的局外人中，最引人注目且为李嘉诚立下不少汗马功劳的便是李业广和杜辉廉。为人谨慎谦虚而又足智多才，深为富豪们所看重的李业广，是第一大华人律师行胡、关、李、罗的高级合伙人。

李业广集律师与会计师于一身，身兼20多家上市公司的董事。这些公司的市值占香港股市总值的1/4，并且还是其他多家巨富大亨的非正式智囊。而李业广更加深得李嘉诚的友谊和信任，也是李嘉诚财团内所有公司的董事。

李嘉诚深为倚重的另一位局外人，便是身为外籍人士的百富勤、广生行的老板，外界称之为"李嘉诚的经纪"的杜辉廉。特别是在1987年股灾前夕，他为李嘉诚集团成功集资100亿港元。

当人们问起李嘉诚"统率群雄，最重要是哪一点"的时候，李嘉诚毫不犹豫地回答说："最重要是了解你的下属的希望是什么。第一，除了生活，他们一定要前途好；第二，除了前途好之外，到将来他们年纪大的时候有什么保障等，很多方面都得顾及到。"

紧接着，李嘉诚又感叹地说："这方面我是很幸运的，每家公司都有些高层职员很忠诚地为公司服务，我自己也经常去想想他们的环境并不断进行改善。所以，我的机构内行政人员的流失率很低，可以说，微不足道。这样一来，公司内一切事情，我虽然一直在百忙之中，但都可以很从容地应付得来，也很少因为公事上的事情而失眠。"

曾有人问李嘉诚，是否"利用自己的好机会，养活自己的员工，让他们得到舒适的生活？"

李嘉诚听后，大加否定，很急切也很认真地说："可以毫不夸张地说，一个大企业就像一个大家庭，每一个员工都是家庭的一分子。就凭他们对整个家庭的巨大贡献，他们也实在应该取其所得。只有反过来说，是员工养活了整个公司，公司应该多谢他们才对。"

李嘉诚在总结他的用人之道时，曾经特别形象地说："知人善任，大多数人都会有部分的长处、部分的短处，好像大象食量以斗计，蚁一小勺便足够。要各尽所能、各得所需，以量材而用为原则。又像一部机器，假如主要的机件需要用500匹马力去发动，而其中有一个附件只需要半匹马力去发动，虽然半匹马力与500匹马力相比是小很多，但也能发挥其另一个作用。"

李嘉诚网罗天下英才，待之以诚。他用思想也用行动，成功地证明了古代思想家孟子所说过的一句至理名言："人皆可以为尧舜。"

20世纪80年代初的一天，李嘉诚碰见一位年逾花甲的老太太在炎炎夏日里声嘶力竭地恳求路人买她的有奖债券。见此情景，李嘉诚非常不忍心，忙上前询问说："你老人家这么大年纪了，在这么热的天气里，为何做这么辛苦的工作？"

老太太叹口气说："没办法的，不做就没有吃的。"李嘉诚听后心里特别难受，立即买下了她全部的有奖债券。

1989年10月28日《华侨日报》以"李嘉诚捐款3000多万港元，资助正觉莲社兴建大坑道护理安老院"为题，专门介绍李嘉诚的又一善举。

文中谈道："因本港人口老化问题，在未来数年间，安老服务为社会最需要解决的问题。本港殷商李嘉诚有鉴及此，特捐出数千万元巨资，支持兴办安老善业。现在得以实现者，为本港佛教团体香港正觉莲社主办第一个大型之护理安老院。该院经命名为'佛教李嘉诚护理安老院'，位于港岛跑马地半山区大坑道地段。环境幽雅，占地面积19500余平方米；院舍建筑楼高10层，每层6000余平方米；全部建筑及设备费用，耗资共达3200万港元，全数均由李嘉诚基金会捐出。"

日理万机的李嘉诚，经常去安老院看望老人。每次前往，他都与老人们攀谈，了解他们的生活情况。而且，他一旦发现一些老人护理设施不太科学的地方，定会马上拨款并专门派人去购置这些护理器材。

佛教李嘉诚安老院的院长黎兰伟清对此感慨地说："李先生很细心，每次来都提出很有见解的改善措施。这令我必须全力以赴地投入工作，否则，就辜负李先生的一片佛心。"

专职负责李嘉诚捐赠事宜的李嘉诚前任私人秘书梁前供，对李嘉诚一次又一次善举，极为感慨地总结说："李先生的捐款与别人完全不一样。他的不一样在于别人在捐出款项之后，所考虑的和关心的仅仅是其善举为不为社会所得知；而李先生考虑的是捐出款项之后，是否解决了实际问题，如果没有完全解决，他会继续增捐，直至问题解决。在李先生所捐出的款项当中，大都没有留名的；即使有留名，也是在有关机构的强烈要求之后才有的。"

李嘉诚对他所眷恋的乡土，对他充满爱心的人世从来都怀有诚挚的爱心，那种只求默默耕耘、不计回报、无偿付出的爱是感人至深的。

可以肯定地说，在中国的事情上，李嘉诚不管遇上什么样的困境，从来都没有退缩过，一如李嘉诚自己所坦言的："对于祖国，我永不言悔。"

20世纪70年代末期，李嘉诚第一次捐赠14幢"群众公寓"的反哺行动，就曾经让李嘉诚差点陷入哭笑不得的尴尬境地。

由于潮州有关部门考虑到解决更多的人入居，将租金提高而且规定每户预交租金高达1000元，引起众说纷纭。其中有些不了解具体情况的人，以为是李嘉诚要收高昂租金，大发"不义之财"，于是便大骂资本家就是资本家，绝不会真正为穷人着想，是为富不仁，等等。流言很快传到香港，自然也传到了正在以欣喜的心情等候乡亲们入居之喜讯的李嘉诚的耳朵里。

李嘉诚"惊闻之下，深表关注"，马上去信要求政府妥善解决此事。他说："本人捐建民房，目的在使赤贫人家稍得帮助。倘所传属实，入居者须付高昂的租金，超出其负担能力，则本人之捐献已变成毫无意义。"

李嘉诚对贫苦乡亲因无力承担租金而不能入住极为同情，决定再捐赠港币 100 万元，作为为乡民向政府代交租金之用，至此住房问题才真正得到圆满解决。而且李嘉诚宽容大度、善解人意的爱心也因此深入民心，使得那些纯朴的乡民获悉真相之后，大为感动地在入住公寓门上贴出"翻身不忘共产党，幸福不忘李嘉诚"的对联。

1991 年 4 月，由李嘉诚资助来港深造的一位 50 余岁的汕大英文老师在香港的超级市场"拿"商品，以为无人看见，后被人扭送警署。这位教师却张口说是李嘉诚给的钱不够购物，不能寄礼物回家，所以才去偷。消息传至李嘉诚耳边，李嘉诚非常难过，他无论如何也想不到会有这种事情发生。

事后，他请来黄丽松博士和海外所有由他资助出国深造的人们，一起召开座谈会，讨论有关生活费用的问题，希望今后无论有什么困难，直接找他本人，千万不要再做出这样有损国格、人格的事来。而且，善于宽容别人的李嘉诚在返回汕大办公室的时候，听说学校打算开除这名教师，就反对说："不要置人于死地。这位老师虽然有错，但也要给他留一条生路。这样子将他开除出去，将来他的日子肯定很不好过，不如还是留他在学校继续当教师吧！"

天性善良的李嘉诚，无论在社会上还是在生意场上，无不体现他内在人性之美。虽然他自己平淡度日，从不奢华，可是在奉献的精神上他从来都是毫不吝啬的。

李嘉诚关心贫苦、孤寡人士，不遗余力地伸出援助之手；他创办医院，大力资助医学研究事业，潜心发展医学事业；他捐巨资兴办大学，培育人才，为发展教育事业呕心沥血。所有的这些事，无不为了大众的幸福。

特别值得一提的是，李嘉诚在对待老人的问题上，不仅捐出巨资，而且他是从心底里打算解决那些贫苦老人的生活保障问题，更加体现了他善良的人性光辉。并且，这种善良的人性光辉也从他的出身渊源、家庭教育，以及他对待母亲无微不至的孝心、爱心和他鲜明的生活意义、崇高无私的奉献精神上得到了集中的体现。

最辉煌、最伟大的事业

自 1979 年中国实行改革开放以来，李嘉诚除大力支持祖国发展教育、医疗卫生、文化事业外，也积极投资祖国内地。

他属下的和记黄埔有限公司，在 1980 年就设立和记黄埔（中国）有限公司，旨在"为集团之整体利益与大陆建立长远全面性之互利贸易关系，并且撮合中国与先进国家间之贸易及投资机会"。

该公司先后向中国内地提供了关于发电设备、制造橡胶轮胎的成套设备，有关飞机和直升机的制造及煤矿、建筑、大船坞的特种海洋设备等，力促祖国内地四化建设的进展。同时也与内地积极发展贸易关系，他属下的百佳超级市场和屈臣氏商店，每年都用 10 多亿港元向中国购买国货投放香港市场。

1980 年起，他在广州参与中国大酒店的投资建设，向大连造船厂订购 4 艘大型远洋货轮。

从 1984 年起，港灯公司每年都向中国购买占生产总量 10%的煤炭。此外，和黄集团从 1987 年起，先后与中国内地进行合作，成立宝洁（广州）有限公司。

1988 年，和黄公司和中国国际信托有限公司与英国大东电报局有限公司合作，成立亚洲卫星公司，共投 9.3 亿港元购入美制的"亚洲卫星 1 号"。以后，通过中国的"长征 3 号"运载火箭，于 1990 年 4 月 7 日成功地将卫星送入东南亚上空的同步轨道。

此举不仅促使和黄、中英发展了越洋通讯业，促进了祖国航天事业的发展，也大大提高了中国的航天新技术。

1991 年 9 月，成立恒和纺织实业（广州）有限公司，专门生产外销的优质毛巾。还与中国民航局广州管理局及美国飞机服务公司合作，成立广州飞机维修工程公司，为中国国内民航飞机提供维修保养服务。

1992 年 5 月，李嘉诚在深圳与中国方面联合成立了中外合资的"深圳长和实业有限公司"。在 8 月份，又在上海金山集装箱码头投下巨资从事港口及码头建设。

李嘉诚在立足香港发展香港、紧靠大陆积极支持并推进祖国四化建设的同时，也面向世界，走向世界，积极寻求适合的投资机会，拓展在海外的投资。

1991 年 10 月 22 日，他通过协和物业财务集团购入了美国纽约金融中心区的曼哈顿商业中心 49% 的权益，进军美国，动用资金 4.48 亿港元。这是自 20 世纪 80 年代以来李嘉诚首次踏足美国的大型投资，态势强劲。

在加拿大，李嘉诚和他属下的和黄、嘉宏两公司对加拿大赫斯基石油公司的股权实行增购到 95% 股权。

在英国，和黄集团的和记通讯（英国）有限公司从1990年起，已成为全英国四大蜂窝式无线电话服务公司之一。加上在此之前所收购的两家电话公司，该集团在英国的用户已大量增加，超过80000户。和记通讯（英国）有限公司还成立了公用流动资讯服务附属公司，于1991年在英国建立了一个全国性网络，并在伦敦广大地区提供公用流动无线电话服务。

1991年1月，该集团又收购英国7家全国性传呼公司，后又收购BYPS集团，并已充分做好准备，向英国电讯市场进军。和黄集团的附属公司和记通讯（澳洲）有限公司也已成为全澳洲的主要电讯经营者，业已建成一个为澳洲5个省份50000用户服务的传呼网络。

和黄集团在泰国、马来西亚分别拥有一间全国性的传呼网络的合营公司；在孟加拉也成立了提供蜂窝式无线电话服务的一家合营企业；在台湾则与台商合营一家提供秘书传呼服务的企业。

和黄集团通过其亚洲首颗通讯卫星"亚洲卫星1号"为亚洲地区服务，还通过卫星广播有限公司创设泛亚多频道卫星电视服务。"卫视"的节目已能通过卫星一号播送至由日本伸展到埃及的广大市场。卫视广播在增加C频道设备后，已能将大部分英语电视节目传播至全亚洲各地的合适市场。该公司多元化长期性的拓展策略取得良性进展。

在采矿业，和黄集团与英国联营的矿物及采矿公司在津巴布韦的金矿生产增势良好。在加纳的钻探工程也收得满意成绩，还继续在澳洲进行钻石及金矿的钻探工作。港灯集团除发展香港主要的核心业务外，1990年在印度已完成了柯维亚发电厂工程；在伊朗、泰国、印尼还有新工程，并继续专注中国的利港发电厂工程。

此外，李嘉诚的四大公司的主要附属公司和主要联营公司，在日本、欧洲、美国、荷兰、巴拿马、澳洲、新加坡、英属处女岛、维尔京群岛、开曼群岛等，都分别有物业、证券、股份、控股、贸易等业务投资，与法国道达尔石油公司也有煤炭贸易合营企业。

李嘉诚之所以能取得辉煌的业绩，除了天时地利人和外，高估低买的投资策略，以及他那极其强烈的事业心、不达目的决不罢休的韧性和毅力，他的爱国心、赤子诚，都是重要原因。李嘉诚与邓小平的历史性会面，就起源于他投资兴建的汕头大学。

1986年5月，由李嘉诚捐资兴建的汕头大学一期工程已经胜利竣工。这时李嘉诚忽然考虑到汕大将来的师资问题。由于汕大特殊的地理位置，很难在短时间内解决好与汕大现代化教学设施相媲美的优质师资力量，于是李嘉诚致信中央领导，希望国家能大力支持这所大学的师资力量早日配备齐整，以期在新生云集汕大之时，具有高水平的教师队伍也同时进入课堂。

寄信不久，中央领导在百忙中会见了他。当李嘉诚来到北京人民大会堂时，中央领导亲自迎候在会见大厅的门前，这让李嘉诚倍感振奋。

中央领导对李嘉诚多次捐款给内地办学和兴建各种公益事业的情况显然了若指掌，他嘉勉和表扬了李嘉诚爱国敬业、捐资办学的可贵精神。

中央领导还对李嘉诚资助汕头大学的义举提出新的建议，他说:"汕头大学应该办得更开放一些,办成国家的重点大学。"

接着,中央领导又叮嘱当时在座的有关方面负责人说:"在全国,要调一批好的教员到那里去,把汕大办好!"

国家教委根据中央领导的指示,很快就从全国各高校中选拔一些作风硬、教学质量高的优秀师资力量,火速前往广东汕头,支援李嘉诚先生创办的汕头大学。

香港报界对中央领导接见香港著名企业家李嘉诚反映强烈,各报和各大电视台纷纷报道他们会见时的谈话。

香港《大公报》载文称:

> 李嘉诚因办学而受到中共最高领导人的会见,无论在香港还是在内地都是一件不容忽视的大事。
>
> 这表明中共最高领导人对李嘉诚多年捐资内地公益性慈善事业的一种肯定,也是所有香港企业界人士的光荣。李嘉诚捐资助学的美德将因受到邓小平的接见而载入史册。

此后,历届党和国家领导人也分别会见了李嘉诚,给予他极高的政治荣誉。年逾八旬的李嘉诚对事业和财富的追求依旧孜孜不倦。

香港《文汇报》曾发署名评论文章盛赞李嘉诚将捐出自己1/3身家做慈善事业的善举,称李嘉诚为华人的典范和骄傲。

文章指出,李嘉诚建立商业王国的天赋是难以复制的,但他为人处世的原则和价值观却是可以学习的。目前,香港特别是内地的一些人暴富后,一味贪图奢侈与虚荣,炫耀比阔,宣泄物欲,已成一种病态,而且具有极强传染力,导致社会心态失衡。

这不仅割裂了中华民族"乐善好施"的传统,而且加剧两极分化和社会矛盾。香港特别是内地的富豪应学习李嘉诚多做善事,讲究"取诸社会、用诸社会",将赚来的钱用在适当的地方,弘扬中华民族济贫恤孤的传统美德,对孤寡老人、贫困学子慷慨施助,而且要捐得有智慧、有策略,让捐款产生最大的社会效用。

对于每年传媒必问的公司交棒问题,李嘉诚回应说:"若将来退休也会全心全意做旗下基金会的工作,希望将基金会做好。"

他曾语出惊人地说道:"我除了李泽钜及李泽楷两个儿子之外,其实还有第三个儿子,而且这个'儿子'的财产,家里任何人都没有份,任何人都不可以动。"

李嘉诚所说的第三个儿子,就是以他名字命名的李嘉诚基金会。李嘉诚基金会于1980年成立,历年来,捐款累计港币逾80亿元,其中约占7成通过李嘉诚基金会统筹资助,其余3成则在他的推动下由旗下企业集团捐出。这位被人们称为亚洲最有影响力的人物笑称,现在很多事情都由他这个"儿子"来承担。

这个基金会捐出的百余亿港元的资金,其中超过90%用在内地及香港。而他自己大概有最少30%的时间,是用在公益事业上。而受少年所历之忧患影响,他深深体会健康和知识的重要性,他深信两者是国家富强之本,也因此对支持内地及香港的教育医疗事业不遗余力。他曾说过:"如果能够在支持医疗、教育方面帮助很多的话,你叫我给他叩头都可以。"

几年前那次难忘的大西北之行，给李嘉诚的心里留下了难以磨灭的印象。那些生活在贫困地区的孩子们渴望读书与改变困境的眼睛，有时会在夜晚他一人独处的时候蓦然浮现在眼前。

李嘉诚并不是投了资以后就把一切都淡忘了的人，即便他进入了老境，处于难得的清闲时，他也还在关心那些把他视为救星的山区孩子们。

若干年来，尤其是到了新年和春节，各种印制精美的贺年卡和贺年信纷至沓来，状若山积般地摆满他的案头。这些贺信中用英文写的都有，尽管有的在语句上还显得稚嫩，在语法和遣词造句上还有些明显的错误，但在李嘉诚眼里，这都是最让他高兴、最让他动情的了。

据李嘉诚说，他的基金会以前本来没设固定的资金，每当需要捐款时，才向基金会注资。近年来，为基金会的长远发展考虑，开始向基金会固定投入资金，并做长线投资，资金产生经常收入，作为捐款的来源。

李嘉诚希望用自己的钱做有意义的事情，想让基金有更充裕的财政基础，可从事越来越多的教育、医疗、老人福利等公益事业。

2005年，李嘉诚捐赠10亿元予香港大学医学院，以提升港大的发展能力。这笔捐款的数目为亚洲历年来单一捐款纪录之冠，引起社会轰动。

他20多年来累计捐资逾23亿元，独力支持在家乡建立汕头大学，以推动这个发展基础薄弱的地方的文化及经济发展，"同乡子弟"能够得到"知识的力量"。

2008年四川省汶川地震发生后,李嘉诚先后捐出1.6亿元人民币,协助灾区民众及灾区重建,又提出与中国残联合作,免费为灾区伤残者提供服务,被民政部评为2008年捐款最多的个人。

2009年4月22日,李嘉诚旗下长江集团、和记黄埔联合向2010年上海世博会中国馆捐赠人民币1亿元。

2013年8月20日,汕头潮南、潮阳发生百年一遇的洪灾后,李嘉诚为汕头受灾地区捐款1000万元港币,以帮助群众渡过难关。

2013年9月30日,李嘉诚给世界最优秀的工科大学之一——以色列理工学院,帮其在汕头创办广东以色列理工学院,到2014年,新学院将开办土木工程、计算机等课程。

在李嘉诚的不断努力下,通过独特的捐献模式和个人对具有重要意义社会责任的承诺,他不断赋予"捐献"以新的意义。长江的影响遍及世界21个国家和地区。发展的轨迹虽然再也无法复制,但成功的精神已经成为志向高远的青年人的楷模。慈善公益事业是李嘉诚最辉煌、最伟大的事业!

附：年　谱

1928年7月29日，李嘉诚诞生于广东省潮州市湘桥区的书香世家。

1933年9月，入北门街观海寺小学读书。

1940年5月，随父母到香港定居。半工半读，续读初中。

1943年，父亲李云经病逝。李嘉诚被迫辍学，开始学徒、工人、推销员生活，并用工余之暇到夜校进修，补习文化。

1948年，任万和塑胶公司业务经理、总经理。

1950年，李嘉诚用省吃俭用积蓄的7000美元在筲箕湾创办了自己的长江塑胶厂。

1957年，在北角成立长江工业有限公司，发展塑胶花、玩具生产。从此到1964年，在塑胶、玩具业内举足轻重。

1958年，开始拓展地产业。先后在北角、柴湾建造了两座工业大厦。

1960年，从事地产投资。积聚资金，储存土地。

1963年，与庄月明女士结婚。继续发展地产业。

1967年，六七左派工会暴动，地价暴跌，李氏以低价购入大批土地储备。

1972年9月30日，创建长江实业有限公司。11月1日，长实股票在香港证券交易所、远东交易所、金银证券交易所挂牌上市。

1973年，长实股票在伦敦挂牌上市。

1974年5月，与加拿大帝国商业银行联组怡东财务有限公司，是长实走向企业国际化、多元化的重要起步。6月，长实股票在加拿大温哥华挂牌上市。

1977年1月14日，参与中环环球大厦、海富中心建设竞投；一举战胜老牌英资"地产股王"置地公司，长实夺标。4月，成功收购了美资永高公司。接手经营香港希尔顿大酒店和印尼巴厘岛的凯悦酒店。购入虎豹别墅及其他多项地皮、物业。

1978年，参加北京国庆典礼，与国家领导人邓小平合影。

1979年，李嘉诚与霍英东等人出任中国国际信托投资董事；长江宣布与汇丰银行达成协议，斥资6.2亿元，从汇丰集团购入老牌英资商行和记黄埔22.4%的股权，李嘉诚因而成为首位收购英资商行的华人。

1980年，李嘉诚基金会成立。

1981年，李嘉诚获太平绅士及"香港风云人物"称号。

1984年，长江又购入香港电灯公司的控制性股权。

1985年，李嘉诚出任香港基本法起草委员。

1986年，进军加拿大，购入赫斯基石油逾半数权益。长实财团市值名列香港十大财团榜首。李嘉诚被香港大学授予名誉法学博士，被比利时国王封为勋爵。6月20日，邓小平在北京人民大会堂会见李嘉诚。

1987年，联同华资大亨李兆基及郑裕彤，成功夺得温哥华世界专览会旧址的发展权。

1988年，被《财富》杂志评选为世界华人首富。

1989年，李嘉诚获英女皇颁发的勋衔、加拿大卡加里大学授予的名誉法学博士学位。

1990年，港督卫奕信向李嘉诚颁发"商业成就奖"。夫人庄月明女士逝世。

1992年，李嘉诚被聘为港事顾问，被北京大学授予名誉博士称号。

1994年，李嘉诚所管理的企业税后盈利达28亿美元。被评选为1993年度香港商界"风云人物"，并获《亚洲周刊》颁发的首届"企业家成就奖"。

1995年，长江实业集团三家上市公司的总市值超420亿美元。李嘉诚被香港"国际潮团联谊会"推举为大会名誉主席。

1996年，李嘉诚个人资产600亿港元，并列全港华人富豪第二名。

1995年至1997年间，李嘉诚出任特区筹备委员会委员。

1999年4月，李嘉诚被英国《泰晤士报》选为千禧年企业家大奖；5月，李嘉诚被英文版的《亚洲周刊》评选为亚洲区50位最具权力人物之一，并获英国剑桥大学荣誉法学博士。该年度长江实业集团税后盈利达1850亿港元。《福布斯》世界富豪排名榜中李嘉诚位列第十，是亚洲首富。

2000年，长江实业集团总市值约为8120亿港元。

2001年，李嘉诚被《星期日泰晤士报》评为全球最有钱的华裔富商。

2006年，李嘉诚被《时代》亚洲英雄榜评为商业领袖。

2007年《福布斯》排行榜，以230亿美元位列第九。

2008年《福布斯》排行榜，以265亿美元位列第十一。

2009年《福布斯》排行榜，以162亿美元位列第十六。

2010年，竞购法国电力集团旗下部分英国电网业务。《福布斯》排行榜，以210亿美元位列第八。

2011年，《福布斯》排行榜，以260亿美元位列第十一。

2012年，《福布斯》排行榜，以255亿美元位列第九，荣膺亚洲首富。